高校体育舞蹈课程与教学

雷晓薇 著

吉林大学出版社

·长 春·

图书在版编目（CIP）数据

高校体育舞蹈课程与教学/雷晓薇著. --长春：吉林大学出版社，2024.11. --ISBN 978-7-5768-4224-1

Ⅰ.G831.32

中国国家版本馆CIP数据核字第2024E0U292号

书　　名	高校体育舞蹈课程与教学
	GAOXIAO TIYU WUDAO KECHENG YU JIAOXUE
作　　者	雷晓薇
策划编辑	王宁宁
责任编辑	王默涵
责任校对	赵黎黎
装帧设计	程国川
出版发行	吉林大学出版社
社　　址	长春市人民大街4059号
邮政编码	130021
发行电话	0431－89580028/29/21
网　　址	http://www.jlup.com.cn
电子邮箱	jldxcbs@sina.com
印　　刷	吉林省极限印务有限公司
开　　本	787mm×1092mm　1/16
印　　张	11.25
字　　数	150千字
版　　次	2025年6月第1版
印　　次	2025年6月第1次
书　　号	ISBN 978-7-5768-4224-1
定　　价	78.00元

版权所有　翻印必究

前 言

体育舞蹈是一项国际流行的、健与美紧密结合的运动项目，是集动作的美感、服装的新颖、音乐的深入人心为一体的运动项目，也是一种具有健身、竞技、娱乐等作用的体育运动项目。它不但能促进人身体的均衡发展，也能净化人的心灵，培养行为美，提高人的审美能力，而且与人们日益追求人体健与美的要求相契合。

本书以高校体育舞蹈课程教学为研究对象，在阐述体育舞蹈多元理论与高校体育舞蹈概述的基础上，分析了高校体育舞蹈课程的理论基础，教学研究，组织与管理，健身健美操教学设计，竞技健美操教学设计，体育舞蹈学练安全防护，最后研究了多元化的高校体育舞蹈教学模式。本书通过对体育舞蹈课程教学的分析进而起到推广体育舞蹈的作用，对高校师生的教学实践的科学开展具有重要的指导作用。本书以理论为基础、以实践为目的，理论与实践有机结合，是一本关于高校体育舞蹈课程教学的科学学术著作。

本书在撰写过程中参考了许多专家的相关著作和研究，在此一并表示感谢。由于本书撰写时间和作者知识结构有限，书中难免存在不妥之处，恳请广大读者批评指正。

目录

第一章 体育舞蹈的多元理论 ………………………………… 1
  第一节 体育舞蹈的创编理论 ………………………………… 1
  第二节 体育舞蹈的美学赏析 ………………………………… 6

第二章 高校体育舞蹈概述 …………………………………… 12
  第一节 体育舞蹈概述与分类 ………………………………… 12
  第二节 体育舞蹈基本常识 …………………………………… 13
  第三节 体育舞蹈的特点及价值 ……………………………… 23

第三章 高校体育舞蹈课程的理论基础 ……………………… 27
  第一节 高校体育舞蹈课程的运动学基础 …………………… 27
  第二节 高校体育舞蹈课程的心理学基础 …………………… 30
  第三节 高校体育舞蹈课程的生理学基础 …………………… 37

第四章 高校体育舞蹈课程教学研究 ………………………… 47
  第一节 高校体育舞蹈课程教学的原理 ……………………… 47
  第二节 高校体育舞蹈课程教学的原则与方法 ……………… 51
  第三节 高校体育舞蹈课程教学的目标与特点 ……………… 66

第五章 高校体育舞蹈课程教学的组织与管理 ……………… 72
  第一节 高校体育舞蹈课程教学文件的制定 ………………… 72
  第二节 高校体育舞蹈课程教学的组织与实施 ……………… 73
  第三节 高校体育舞蹈课程教学的科学管理 ………………… 79

第六章　健身健美操教学设计 …………………………………… 83
第一节　健身健美操理论分析 ………………………………… 83
第二节　健身健美操基本动作教学 …………………………… 88
第三节　健身健美操套路教学 ………………………………… 95

第七章　竞技健美操教学设计 …………………………………… 100
第一节　竞技健美操理论分析 ………………………………… 100
第二节　竞技健美操基本动作教学 …………………………… 104
第三节　竞技健美操表现力教学 ……………………………… 110

第八章　高校体育舞蹈学练的安全防护 ………………………… 120
第一节　体育舞蹈运动处方的制定原则与方法 ……………… 120
第二节　体育舞蹈学练中的疲劳与恢复 ……………………… 123
第三节　体育舞蹈学练中常见伤病与处理 …………………… 129

第九章　多元化的高校体育舞蹈教学模式 ……………………… 137
第一节　PBL 教学模式 ………………………………………… 137
第二节　个性化教学模式 ……………………………………… 150
第三节　翻转课堂教学模式 …………………………………… 160

参考文献 ……………………………………………………………… 171

第一章 体育舞蹈的多元理论

体育舞蹈与一些其他学科有着密切关联,如运动生理学和运动心理学等。除此之外,体育舞蹈的开展过程中还可能发生运动性损伤,对这些可能的损伤进行预防与处理是顺利参与体育舞蹈运动所必需的。另外,体育舞蹈中的美学元素也是多元理论中不可或缺的重要部分,是人们钟爱这项运动的理由之一。

第一节 体育舞蹈的创编理论

一、体育舞蹈创编的依据

(一)根据目的和任务创编

体育舞蹈的创编应根据舞蹈内容和不同阶段的需要,有目的、有针对性地进行,具体如下:

(1)针对巩固和提高某类舞步的动作技术的体育舞蹈创编,可以以单一舞种的单一舞步为主进行创编。

(2)针对熟练掌握和协调运用多种不同类型和风格的动作的体育舞蹈创编,可以将多种类型、风格的动作组合到一起进行创编。

(3)针对发展练习者的表现能力的体育舞蹈创编,可以以表现性强的动作为主进行创编。

(4)针对体育舞蹈教学的创编,根据表现目的和任务的不同,在体育舞蹈的创编设计、动作结构、艺术加工的处理上也应有所不同。在进行体育舞蹈组合动作和成套动作的创编时,其目的是提高和巩固教学大纲中单个动作和联合动作的技术。因此,可以此为核心进行综合性成套动作的创编,通过同一类舞蹈基本动作的有机结合,或不同类舞蹈组合动作的有机结合来提高运动者对基本技术或指定步法的掌握,发展运动者的协调性、节奏感以及表演能力。

(5)针对以表演性成套动作为目的的体育舞蹈创编,在创编中要注重表演效果,根据体育舞蹈的表演要求,选择合适的音乐,采用丰富多样的舞蹈动作、静止造型以及技巧性动作等,增加体育舞蹈的表演气氛和艺术特征。

(6)针对组合类体育舞蹈的创编,不能脱离学员的实际情况。如果创编的动作组合超出了学员的技术水平,即使这个组合再好也是不成功的;相反,如果创编的动作组合过于单调,就难以调动学员的积极性,同样也达不到预期的效果。

(7)针对竞技体育舞蹈的创编。竞技性体育舞蹈的主要目的是参加比赛,取得好成绩,所以创编应根据体育舞蹈比赛的规则、比赛具体要求、舞种特点、比赛对象、音乐节奏等有的放矢地精心创编,从而提高竞赛效果,以获得优异成绩。

(二)根据教学对象的特点创编

在创编体育舞蹈的动作时,应考虑到教学对象的年龄、身材、技术水平、素质条件、性格特点等因素,创编设计能充分发挥舞者特长的动作,避其弱点。

例如,对少年儿童的体育舞蹈创编,可选择铜、银牌的指定步法和基本技术等动作来创编;对于身材修长、柔韧性好、性格温和的学员的体育舞蹈,应创编一些幅度大、舒展类的动作;对于对速度、力量能较好掌控的学员可创编一些高低起伏、动作强烈、速度快、变化多的动作。

另外,在动作选择上应考虑到不同学员的技术水平,选取较易熟练掌握的动作,并在此基础上进行加工,提高体育舞蹈动作的艺术表达效果。

(三)根据动作连接的科学性创编

体育舞蹈动作的连接具有一定的科学规律,因此体育舞蹈套路的创编要把各个单一动作通过某种形式有机结合在一起,动作与动作之间的衔接应自然、流畅、和谐,上一个动作的结束就是下一个动作的开始。在创编动作时,动作与动作间的连接要科学、合理,使学员完成动作时感觉到动作的顺畅性、完整性以及动作与音乐的协调性。切忌动作不连贯,使舞者在练习中感到别扭。

(四)根据身体力度和方向的对称性创编

体育舞蹈在创编的过程中,考虑练习者身体力度和方向不仅能有效避免训练中的运动损伤,还有助于提高体育舞蹈的艺术表现力。为了使学员身体各部位均衡发展,在创编动作时应注意身体各部位力度和方向的对称性,既要注意左、右力度对称,又要注意上、下肢动作的协调。

(五)根据舞蹈动作自身的规律性创编

任何事物都有其自身的发展规律,体育舞蹈的动作也有其自身的规律。如体育舞蹈的动作讲究欲进先退、欲扬先抑、欲左先右;再如不同的动作表现不同的情绪,柔慢平稳的舞步表现安定幽静的情绪,快速跳跃的舞步则表达欢快激动的心情。所以,在创编体育舞蹈组合时必须遵循舞蹈动作自身的规律。

(六)根据国际的发展趋势创编

为了获得更好的教学效果或者是比赛效果,在体育舞蹈的创编上必须适应国际体育舞蹈的发展趋势,跟上国际潮流。当前,国际发展的趋势为成套动作速度突出,动作衔接方式新颖,动作数量多、变化多,更加丰富多样,越来越显示出舞者的独创性、艺术性,力求突出个人的表演风格和特点。如果跟不上国际发展趋势,则会被认为是陈旧的创编,创编价值就会大大降低。

因此,在体育舞蹈的创编过程中应不断了解体育舞蹈在国际上的发展趋势,学习新颖的创编技巧,提高体育舞蹈的创编能力,培养学员的学习兴趣,改进教学方法,以更好地完成创编任务。

(七)根据体育美学规则创编

形式美是体育美学的重要规则之一,在创编体育舞蹈的成套动作时必须遵循形式美这一美学规律。动作整齐、层次和谐、对比度、均衡性、线条优美、节奏与韵律多样性等都是形式美的表现形式。只有遵循这一规律,才能充分体现出体育舞蹈的艺术特征。

在创编体育舞蹈的个人成套动作时,应运用形式美的法则,即对体育舞蹈成套动作的难度分布、高潮的出现等有一个合理严谨的布局和有层次的发展安排,通过对动作速度的变化、节奏的处理,利用刚柔力度、高低起伏、幅度大小等对比手法,使人感受到体育舞蹈的鲜明特色,以增强视觉效果。另外,为了进一步表现出体育舞蹈每个动作的特色,在创编中还应注意动作的多样化、生动性以及音乐、身体动作和手臂之间的和谐一致,使体育舞蹈的整套动作更加协调、优美、流畅。

在创编团体成套动作时,应充分运用对比与统一、层次和谐、多样、整齐划一等形式美法则。而整齐划一的表现形式又是团体体育舞蹈项目创编时最重要的特点,是所创编动作的性质、做法、节奏变化及队形移动变化等的表现手段之一,有利于选手整齐划一地完成动作并表现出清晰的队形图案。

总之,根据形式美法则来进行体育舞蹈成套动作的创编是十分重要的。

二、体育舞蹈创编的要素

(一)动作要素

每个舞种都有其基本动作,体育舞蹈也不例外。一套体育舞蹈动作是由若干个单个动作组合而成的,单个动作是构成组合或成套动作的基本要素。因此,选择什么样的动作是进行体育舞蹈创编时首先要考虑的要素。

体育舞蹈的动作可基本确定该套路动作的难度、技术价值和艺术价值。因此,在教学中要尽量选取基本动作和指定步法为创编的主要内容。根据动作的上接、下续以及个人具体情况进行合理的组合,从而均衡地分布重点动作,使体育舞蹈整套动作的创编更能突出个人特点和对基本技术的掌握。

值得注意的是,针对体育舞蹈比赛时的创编,可在指定步法基础上创新变形,通过巧妙的连接动作,组合出一套更富于表现性的动作,使其在节奏、速度、强度上更具有竞技性、艺术性。但应注意难度的数量和分布,避免选编超出自身或学员能力的动作。此外,在难度动作数量分布上,应避免动作杂乱、成套动作不整或有断节现象,这些都会影响体育舞蹈成套动作表演的最终效果。

(二)节奏要素

在体育舞蹈中,除表演和团体舞是用事先选好的音乐外,教学中可以选择学员较为熟悉的音乐进行创编,而竞技比赛中音乐是由组委会提供的,但不论选用什么音乐,每种体育舞蹈的风格和基本节奏都是不变的,所以在创编成套动作时,必须符合该舞种的风格和基本节奏。

(三)空间要素

体育舞蹈的空间要素主要表现在动作方向路线和移动上。

首先,体育舞蹈的方向路线是不可缺少的重要空间要素,如运行性的桑巴、斗牛和标准舞中,都是围绕舞程线做逆时针行进,所以在创编时应对舞蹈方向、舞步行进距离、场地大小等因素进行合理的安排。

其次,在体育舞蹈的创编中应注意合理运用场地进行移动,使舞蹈内容更丰富,更具有流动性。

1. 方向路线

方向路线是不可缺少的重要空间要素,体育舞蹈成套动作中的单个动作必须用不同的方向和路线将它们串联起来,左右变化,高低起伏,前后移动。

因此,在进行体育舞蹈的创编时应对舞蹈的流向、舞步的行进距离、场地的大小等因素合理地进行创编。

2.队形变化和移动

队形的变化和移动是团体体育舞蹈项目（团体舞）创编中不可缺少的空间要素，队员共同完成某一个动作必须通过某一个队形完成，队形的变化和移动构成了团体项目独特的创编特点。

体育舞蹈创编中常用的队形有直线形、平行线形、三角形、圆形、勺形、菱形、"V"字形、箭头形等。

(四)时间要素

在创编表演性动作时，时间的选择比较灵活，而要创编比赛套路时，应根据比赛时间的要求(一般为 1.5 分钟)，应根据比赛时间的长短(1 分 40 秒～2 分 30 秒)，并结合所参赛的不同组别和自己的技术特点，创编一个长短适中的套路而反复循环进行训练。

集体项目(团体舞)一套动作在时间上的规定为：成人摩登舞 4 分 30 秒～5 分 30 秒，拉丁舞 4 分 30 秒～5 分 30 秒，少年组 3 分～3 分 30 秒，其中包括入场、队形组合、退场三部分。

第二节 体育舞蹈的美学赏析

一、体育舞蹈的审美构成因素

体育舞蹈源于生活及人们对人体健美的追求，是体操、舞蹈、音乐逐步发展和结合的产物。体育舞蹈把体育与艺术结合在一起，因此它与一般体育运动项目相比，具有较多的审美因素。体育舞蹈以人体自身为审美对象，对于人体的自然属性方面较为重视，如人的形体匀称适度，肌肉强健、富于弹性、肤色美观等。无论人体处于静止状态还是运动状态，其上述自然属性是很明显的。这些自然属性的形式美对体育舞蹈的主要审美构成因素起着重要的决定性作用。

形式美是构成事物外在属性及其组合关系中所显现出来的美。相对内容而言,形式美具有相对独立的审美意义。因此,形式美的构成因素,自然也就成了体育舞蹈的主要审美构成因素,具体来说,体育舞蹈的审美构成因素主要包括以下几个方面。

(一)线条与形体美

1. 线条

线条和形体是构成人体美的基础。通常情况下,不同的线条会给人带来不同的感受。比如,垂直线给人以坚硬、庄严、高昂的感觉,曲线给人舒展、柔和、流畅的感觉。一般来说,男性的健美主要表现为刚健有力,直线条多一些;而女性的健美则表现为柔美秀丽,曲线多一些。如果把男女人体的健美加以分类的话,大体分为刚、柔两类,不过这种分类只是近似的、相对的,实际上刚、柔是相互渗透、相辅相成的。在体育舞蹈运动员中,在男性强健的身体上,可以找到柔和的曲线之美,他们可以做出灵巧的动作,这就是刚中有柔;而女运动员秀美的身姿,也可以显得矫健有力,她们可以做出强劲的动作,这便是柔中有刚。在体育舞蹈线条因素中,常常是既刚柔分明,又刚柔相济的。

2. 形体美

体育舞蹈的形体美,由男女运动员自身形体的静态美和操化动作动态美两方面所组成。

从静态方面来看,美的形体应具备三个方面的条件:第一,以骨骼为支架所构成的人体各部分比例要匀称、适度、发育良好;第二,由肌肉的完美发达所呈现的人体形态要强健而协调;第三,肤色红润而有光泽。只有满足以上三个方面的条件,才能称得上是美的形体。

从动态方面来看,体育舞蹈运动员的形体美主要依靠体育舞蹈的动作创编,以及运动员对这些连贯的动作组合和动作群的表现力。动作是在协调一致的动作流程中显现的,它的基础是节拍,还包括连续造型,从而构成了动态美。了解了这些特点,在进行编排的过程中,就可以将这些因素考虑进去,在编排中体现运动员的动态线条与形体的美。

(二)色彩美

色彩作为形式美的重要因素,它有冷暖、轻重、远近、明暗的视觉效果。色彩具有一定的情感性和象征性,不同颜色的视觉效果也是有一定区别的,这些可以根据体育舞蹈的需要将其运用到体育舞蹈运动的创编中。一般来说,红、橙属于暖色,给人热烈、兴奋、活跃、喜悦之感;青、蓝属于冷色,给人深远、幽静、庄重、严谨、典雅之感;草绿、银色属于中性,给人柔和、娴静、和谐之感。如看到红色,就不由得使人想起血与火,因而产生热烈兴奋的情绪。所以在编排体育舞蹈时,可考虑在大红色地毯上进行成套的创编和演练,使运动员较易进入兴奋的状态,与创编者产生共鸣,从而收获更好的效果。运动员在参加比赛时,应考虑各方面对成绩及发挥的影响因素,因此考虑色彩美的编排是非常重要且必要的。

(三)音乐美

音乐是体育舞蹈的重要组成部分之一,对于体育舞蹈来说,音乐是不可缺少的。具体来说,体育舞蹈必须在音乐伴奏下进行练习,可以说音乐是体育舞蹈的灵魂。与艺术体操相比,竞技体育舞蹈对动作的力度重视程度更高。因此,它的音乐节奏趋于鲜明强劲,风格更趋热烈奔放。体育舞蹈音乐多取材于迪斯科、爵士、摇滚等现代音乐和具有上述特点的民族乐曲,使体育舞蹈体现出一种鲜明的现代韵律感。这种有节奏、韵律的音乐,能激发运动员的情绪,使之不觉疲劳,产生一种轻松愉快的感觉,让他们既得到了美的享受,又提高了协调性、节奏感、韵律感和表现力。音乐运用的完美与否直接影响着体育舞蹈的整体效果。在体育舞蹈中,音乐的主要作用是用来烘托成套动作的效果与气氛,音乐与动作是紧密结合的,动作既是对音乐情绪的一种表现,同时也是通过音乐的气氛对动作本身进行情绪上与力度上的烘托与渲染,任何一个动作的艺术性都存在于一种音乐情绪的表现之中。体育舞蹈音乐具有节奏鲜明、旋律优美、风格各异的特点,它的动感非常强烈,让人很兴奋也很激动,其节奏性充分体现在音乐的独特风格上。而近年来,随着体育舞蹈的不断发展,人们更加注重音乐节奏性的运用,同时增添具有创造性的编排,使音乐效果更具艺术性和欣赏性。

总的来说,体育舞蹈的音乐配以强劲的鼓点动效,能使整个过程洋溢着热烈、欢快、喜庆气氛,通过音乐的节奏将体育舞蹈运动的本质和内涵充分体现出来,同时将体育舞蹈运动所独有的动感风格突显出来,也将体育舞蹈项目的节奏美这一美学特征充分地体现出来。

(四)路线变化美

在体育舞蹈比赛中,对运动员的场地利用能力提出了更高的要求,这具体在场地的三维空间的运用方面得到了充分的体现。体育舞蹈运动场地的表面至少有前、后、侧、对角、弧线五种方向的移动,即表现为体育舞蹈运动路线的变化美。与其他的体育项目不同,体育舞蹈路线的丰富变化既展现了运动别具一格的风格特色,提高了体育舞蹈运动的艺术欣赏价值和审美价值,又是运动员竞技能力的一种体现。一个优秀的运动员能够充分地利用场地,把成套动作的路线变化表现得淋漓尽致,每一个到位的路线行进都让人赏心悦目,将体育舞蹈运动的这一美学特征向观众及裁判展示。在编排中,创编者更应注意根据这些审美特点进行成套动作的编排。

二、体育舞蹈审美的构成法则

在体育舞蹈中,要构成整体的形式美,还需要按一定的法则进行组合。由于体育舞蹈的美以形式美为主,因此形式美的主要构成法则亦成了体育舞蹈的审美构成法则,也是进行体育舞蹈编排的基础。体育舞蹈审美的构成法则主要包括以下几个方面。

(一)整齐一律

整齐一律,又称为"单纯齐一",也就是说,它是同一形式的一致重复,也是最简单的形式美,这一原则在体育舞蹈中得到了非常广泛的应用。对于体育舞蹈中的一些自选动作或规定动作,很多动作都要求做到整齐一致,这就是一律的美。它虽然简单,却是最基本的形式美构成法则,也是体育舞蹈中的动作基础。

此外,需要注意的是,不要过分强调整齐一律,否则就会显得非常呆板,因此在具体创编的过程中要对整齐一律的适中性进行把握。

(二)对比调和

对比调和是形式美中重要的法则,应该严格遵守。对比是差异中倾向的对立,它对于鲜明地表现事物的特点是非常有帮助的。在体育舞蹈中,对比主要在形体及音乐方面得到了充分的运用。就形体对比来说,体育舞蹈中男运动员的身体强壮、肌肉发达与女运动员的身材匀称、曲线秀美本身就形成了刚与柔的对比。另外在动作的编排上,除男女运动员的统一动作外,男运动员的动作可突出其阳刚与力度,女运动员的动作可突出其阴柔与协调性。再拿音乐对比说,整套体育舞蹈的音乐不宜同一节奏与力度,而应有张有弛、强弱恰当。在这样的音乐伴奏下,体育舞蹈动作也自然有张有弛,时而激越蹦跳,时而舒缓抒情,能给人以审美享受。

调和是在差异中求一致,即着重统一。在体育舞蹈中,既要善用对比这一法则,同时还要对调和引起高度的重视。另外,还要在色彩、音乐、形体中对这一点予以高度的重视,如男女运动员服装颜色的调和,服装与地毯颜色的调和,音乐的节奏与旋律的调和,动作与音乐的调和等。如果不掌握规律,必然与想达到的效果相去甚远,严重的还会对事物的调和一致性造成破坏,对于体育舞蹈的审美价值也会造成一定的影响。

(三)多样统一

多样统一是形式美法则的高级形式,也叫和谐。"多样"能够将各个事物个性的千差万别充分体现出来,"统一"则主要将各个事物的共性或整体联系充分体现出来。多样统一使人感到既丰富,又单纯;既活泼,又有秩序。这一基本法则包含了变化以及对称、均衡、对比、调和、节奏、比例等因素,所以一般都把"多样统一"作为形式美的根本法则。概括地讲,多样统一是在变化中求统一,在参差中求整齐。而体育舞蹈动作的创编,正应该根据形式美的这一根本法则来进行。体育舞蹈比赛的成功与否很大程度上取决于编排水平,其创编原则主要包括针对性原则、创新性原则、全面性原则和艺术性原则等,并且创编时应遵循多样统一的法则。体育舞蹈的总体结构设计合理才能产生悦人的节奏感和张弛有序、高潮迭起的美感;体育舞蹈要吸收舞蹈等艺术性项目的动作语汇却又不能舞蹈化,而要加以改造,使之成为美观大方、有力度、有特色的体育舞蹈动作;整套体育舞蹈的风格要鲜明,不可将风格不同的多种艺术成分吸收在同一套操中,因为它违反了多样统一这一最基本的体育舞蹈的审美构成法则。

(四)均衡对称

所谓均衡是指布局上的等量不等形,对称是指以轴线作为中心的相等或相适应。通常情况下,对称往往能给人以稳定感、完全感、庄重感。均衡与对称是相互联系的两个方面,均衡包括了对称这一因素,但比对称更加灵活,允许左右形态有所不同,其审美效果是整齐与活泼的结合。在混合双人操和三人操中,均衡应用得较多,而在混合六人操中,则对称动作应用较多,这样能使整个队形对称整齐,整体壮观,达到较好的视觉效果。在编排体育舞蹈的过程中,要对这一审美构成法则加以有效利用。

(五)节奏韵律

节奏是指力度在体育舞蹈运动过程中变化的时序连续,以节奏作为基础,赋予一定的情调,便成了韵律。体育舞蹈的开展是在强劲音乐的伴奏下进行的,因此音乐的韵律和节奏会对动作的幅度和力度产生非常重要的影响。同时,体育舞蹈是由类型、方向、路线、幅度、力度、速度等不同的多种动作组成的,而要有良好的审美过程,就一定要将这些动作和音乐的节奏和韵律完美地统一起来。作为一门艺术性非常高的运动项目,在动作和音乐双重节奏的韵律法则作用下,能够使运动员的节奏感和韵律感得以增强,促使其音乐素养的提高,从而提高运动员认识美、鉴赏美、表现美直至创造美的能力。在编排成套的体育舞蹈动作时,必须使动作与音乐的节奏韵律相吻合,正确处理好动作与音乐节奏韵律之间的关系。

第二章 高校体育舞蹈概述

第一节 体育舞蹈概述与分类

一、体育舞蹈概述

体育舞蹈是竞技体育与艺术表演相结合的舞蹈,是以身体动作舞蹈为基本内容,双人或集体配合,既有娱乐健身作用,又有竞技表演的体育运动。它将艺术、体育、音乐等融为一体,被人们誉为"健"与"美"的典范,是世界通用的"情感语言"。

(一)体育舞蹈的起源

体育舞蹈也称国际标准舞,简称"国标",它的前身是交际舞。交际舞的起源可以追溯到公元10世纪以前,它由古老的民间舞发展演变而成。14世纪末到15世纪初,民间舞逐渐进入意大利贵族的舞会中,成为一种宫廷舞。15世纪末,宫廷舞蹈演变成奢华庆典活动的骑士舞(又称布兰尔舞,包括低舞、高舞、链舞)。16世纪初,在文艺复兴时代,交谊舞的"低舞"派生出"帕凡""拉伏尔地"等壮观华丽的队列式舞步,并由"布兰尔"舞派生出法国的"库尔特""布雷",以及西班牙的"查礼"舞等更为豪华富丽的舞蹈。17世纪中叶,交谊舞从拘谨、文雅、华丽,趋向于尊贵、活泼、轻快的"小步舞"。18世纪初,在德国和奥地利民间流行的"兰德勒"舞,后来演化为华尔兹。19世纪,受法国大革命、工业革命和浪漫主义运动的影响,波尔卡、华尔兹、四方舞等十分流行。到19世纪末,融合了波尔卡和华尔兹的狐步舞应运而生。之后,起源于古巴的拉丁舞也逐渐盛行,并很快传到了欧洲各国。

(二)体育舞蹈的发展

从1920年开始,一直到1924年,英国皇家舞蹈教师协会对当时的交际舞进行了整理,将各种舞的舞步、舞姿、跳法加以系统化和规范化,相继制订规范了布鲁斯、慢华尔兹、慢狐步、快华尔兹、快步、伦巴、探戈等交际舞。

体育舞蹈的发展离不开体育舞蹈组织的管理、组织及推广工作。目前国际上有两个国际体育舞蹈组织:一个是国际体育舞蹈联合会,另一个是世界舞蹈及体育舞蹈理事会。国际体育舞蹈联合会是管理业余体育舞蹈事务和比赛的国际组织,世界舞蹈及体育舞蹈理事会是管理职业体育舞蹈事务和比赛的国际组织。

二、体育舞蹈分类

体育舞蹈按舞蹈的风格和技术结构可分为摩登舞和拉丁舞;按竞赛项目可分为摩登舞、拉丁舞和团体舞。其中摩登舞包括华尔兹、探戈、狐步、快步和维也纳华尔兹;拉丁舞包括桑巴、恰恰、伦巴、帕索多不列和伽依夫。团体舞是摩登舞或拉丁舞的混合舞,由八对选手组成,借助音乐的引导,将五种舞蹈在变化莫测的队形变动中编织出丰富多样的图案,它将音乐、舞姿、队形、图案和选手的和谐配合融为一体,达到完美的统一,使体育舞蹈的风格特点得到了更为鲜明的表现。

第二节 体育舞蹈基本常识

一、体育舞蹈概念及类型分析

(一)体育舞蹈概念

体育舞蹈是摩登舞、拉丁舞的统称,这两种舞蹈的基本步伐名称、模式、要领都经国际舞蹈运动联合会认定标准,并向全世界发布该标准,所以也称国际标准舞。这两种舞蹈的强度、力度、速度与其他体育运动量等同,所以划入体育运动类,统称为体育舞蹈。体育舞蹈在我国是一项新兴的体育项目,且发展迅速。因此人们对体育舞蹈的认识理解各不相同,关于体育舞蹈的概念也众说纷纭。纵观体育舞蹈的特点,体育舞蹈的概念应该是集体育、舞蹈、音乐为一体,通过舞伴间默契的配合,达到健身、健美和强心目的的一种舞蹈。其内容丰富,变化繁多,不受年龄、性别、场所、器械的限制,可使全身各关节都得到充分的活动,各部位的肌肉得到均衡的发展,塑造良好的体态,提高人的内在气质。

(二)体育舞蹈类型分析

1. 摩登舞

摩登舞又称"现代舞",是体育舞蹈的项群之一,特点是由贴身握抱的姿势开始,沿着舞程线逆时针方向绕场行进。步法规范严谨,上体和胯部保持相对稳定挺拔,完成各种前进、后退、横向、旋转、造型等舞步动作;具有端庄典雅的绅士风度;曲调大多抒情优美,旋律感强;服饰雍容华贵,一般男着燕尾服,女着过膝蓬松长裙。

2. 拉丁舞

拉丁舞的特点是舞伴之间可贴身,可分离。各自在固定范围内辐射式地变换方向角度,展现舞姿,步法灵活多变,各舞种通过对胯部及身体摆动不同的技术要求,完成各种舞步,表现各种风格。舞姿妩媚潇洒,婀娜多姿。风格生动活泼,热情奔放,曲调缠绵浪漫,活泼热烈,节奏感强。着装浪漫洒脱,男着上短下长的紧身或宽松装,女着紧身短裙,显露女性曲线的美。

二、体育舞蹈的名词术语

具体来讲,体育舞蹈的名词术语主要包括基本名词、基本术语以及动作术语。

(一)基本名词

1. 舞程向

体育舞蹈规则规定,如果多个体育舞蹈运动员在同一个舞池中进行体育舞蹈的比赛,那么各组运动员应该按照逆时针的方向行进,从而有效防止相互之间发生碰撞。在舞池中,舞者的行进方向也就是舞程向。

2. 舞程线

舞程线指的是沿舞程向方向行进的路线。这是一条设想线,在舞池的四周,与墙壁保持平行。

严格来说,舞程线是一种方向的移动,它会根据情况的不同发生一定的改变,有时也将舞程线称为舞程向。在体育舞蹈比赛中,舞者沿着这个设想的线运行,因此可以把这条线理解为体育舞者的运动轨迹指向,而舞者在比赛过程中逆向"行驶"是错误的,因为这样就会碰撞到其他的舞者。

3. 舞姿

(1)闭式位舞姿:在舞蹈中,舞伴二人相对,双手扶握对方。

(2)侧行位舞姿:舞蹈中,男舞者右侧身体贴近女舞者左侧身体,二人另外的一侧分别向外展开,组成"V"形站立。

(3)外侧位舞姿:在摩登舞中,男女舞伴的另一方向的右外侧(常见)或者左外侧(较少见)前进所形成的身体位置。

(4)并肩位舞姿:在拉丁舞中,男女面对同一方向肩臂相并的身体位置。

(5)影子位舞姿:指的是男女舞伴互为影子,即二人面向同一方向重叠站立的身体相对位置。

4. 反身动作与反身动作位置

(1)反身动作

在体育舞蹈中,舞者的脚步前进与后退的同时,其相对的一侧的身体跟随脚步向同一个方向移动。具体来讲,在舞蹈过程中,当舞者一侧的脚开始行进(前进或者后退)时,另一侧的身体通过推送的方式使身体与脚形成一种反方向的配合动作,之后通过身体肩部的带动与引导旋转,从而使身体左右进行转动,同时保持身体重心的稳定与平衡。反身动作可以很好地展示舞者身体的线条美,这是一种动态动作,往往会在一瞬间完成。

(2)反身动作位置

反身动作位置指的是舞者运用反身动作的原理,使身体形态相对静止在一定位置上,在身体保持不动的情况下,一脚在身前或者身后形成交叉,从而保证两人身体维持相靠的身体位置,这是个滞留形态动作,舞者两条腿形成一条直线,以展示舞蹈优美的线条与保持男女舞伴身体的接触位置,便于衔接其他动作。

5. 摆荡动作

体育舞蹈的摆荡动作指的是舞者的上升、横向移动过程中身体的摆动动作。

6. 升降动作

体育舞蹈的升降动作指的是舞者身体的上升与下降,这种动作主要是通过身体关节的屈、伸转换实现的。

7. 倾斜动作

体育舞蹈的倾斜动作指的是舞者身体动作的倾斜,主要是通过不同的舞步完成的。通常来讲,舞者身体的倾斜多向左右方向进行,在倾斜动作的完成过程中,整个身体与地面形成三角的斜线。

8. 节奏

体育舞蹈的节奏指的是节拍的反复,具有体育舞蹈音乐特定的性格特色。

9. 组合

在体育舞蹈中,不同舞步(两个或两个以上)之间的结合称为组合。

10. 速度

体育舞蹈中的速度专指体育舞蹈的音乐速度,具体描述为每一分钟的音乐小节数。

11. 套路

体育舞蹈中多个舞步型按一定的逻辑顺序衔接,组成动作套路。

(二)基本术语

舞蹈术语指的是专门描述和形容舞蹈中所涉及的动作及相关内容的专门用语。除了一些常规的舞蹈术语之外,体育舞蹈中还包含一些特殊的专属术语,下面就对体育舞蹈中的相关术语进行具体分析。

1. 舞蹈方位

方位指的是舞者在舞池中的身体所面对或者背对的方向。当舞者以肩引导（侧行）时，方位不变。当进行拉丁舞动作时，舞者的方位是否正确则非常重要。

在体育舞蹈中，活动目的不同、固定位置不同，方位也不同，主要包括以下三种情况。

第一，在体育舞蹈中，为了更好地理解舞蹈术语中的有关方位，身体方位通常是以学生自身为基点，以面向教师的方向为正前方，称为1点，每向右转45°为一个方向，一共分为八个方向，分别是1点、2点、3点、4点、5点、6点、7点、8点。

第二，在体育舞蹈中，为了更有利于辨别方位与检查旋转的角度，依据国际惯例，通常以乐队演奏台的一面为规定方位的基点，定为1点，每向顺时针方向转动45°角则变动一个方位。依此类推2,3,4……共包括8个点。因此，一个场地中的四个面就是1,3,5,7点，四个角就是2,4,6,8点。

第三，在非固定位置时，即舞蹈者按舞程线不断变换方位，向前移动，还需要与舞程线发生联系。因此，国际体育舞蹈的比赛规定了几条线来指示舞蹈者每个舞步的行进方向。

移动中的体育舞蹈身体方位是以男士正对舞程线站立而确定的身体位置，处于其左侧的舞厅部分为中央（并不是指舞厅的中心点），处于其右侧部分为墙。男伴面对的方向上的线叫作舞程线。男伴右前方（右转45°）以其身体为基准朝壁线倾斜的线叫作壁斜线。男伴右肩（右转90°）所向的四壁为壁线。男伴左后方（左转135°）后的方向，与中央逆向倾斜的线为中央斜线。男伴背部方向上的线为逆舞程线。男伴右后方（右转135°）的方向上的线，朝壁线逆向倾斜，称之为逆壁斜线。男伴左肩方（左转90°）所向的舞池中央的线为中央线。男伴左前方（左转45°）后的方向朝中央线倾斜的线为中央斜线。

在体育舞蹈中，只要舞者是沿着舞程向的圆周行进，则无论舞者行进到哪一点，以上的方向与线都适用。

2. 旋转度

旋转度(简称转度)就是以脚的位置为标准,衡量旋转动作中每一步型、每一舞步,甚至每一舞步间的旋转是多少度。

在体育舞蹈中,为了更好地保证舞蹈的严谨性与精确性,一般采取切分圆的方法,用 1/8、3/8 等来表示旋转度。

3. 舞蹈动作

在体育舞蹈中,经过提炼、创作、汇编的具有一定节奏、规律的动作就是舞蹈动作。舞蹈动作是体育舞蹈最基本的表现手段,舞蹈动作是构成体育舞蹈的基本单位。

4. 舞蹈组合

所谓舞蹈组合,指的是两个或者多个舞蹈动作被组合起来所形成一组新的动作。组合具体包括最简单的、性质单纯的动作连接,同时也包括最复杂的各种不同性质的动作的组合。

5. 舞蹈语言

舞蹈语言是体育舞蹈思想与情感的一种表现,主要是以舞者动作和表情表现出来,它是从社会生活、人的情绪状态、自然现象中提炼加工而形成的,不仅包括舞者的肢体动作,还包含了舞者的思想情感。

6. 舞蹈语汇

在体育舞蹈中,将若干不同的舞蹈动作汇编在一起,并为表达体育舞蹈的主题服务,这就是体育舞蹈语汇。

7. 舞蹈表情

舞蹈表情是体育舞蹈所有动作的总称,在体育舞蹈中,舞者的任何肢体语言和动作形态都被包含在舞蹈表情之中,是舞者情感通过动作(面部情、手臂传情、身体扭摆、足部移动等)的表现,主要用于表达舞蹈中的人物情绪、情感和心理活动。

8. 舞曲

舞曲是指以舞蹈节奏为基础所编写成的器乐曲或声乐曲,一般分为专供伴舞的和不以伴舞为目的的舞曲。

9.节拍和节奏

(1)节拍

节拍指音乐中每一个小节的拍数。

(2)节奏

节奏指按照一定的规律反复出现,赋予音乐不同性格的具有特色的节拍。

10.韵律

韵律指的是在舞蹈动作中人体运用"欲左先右,欲纵先收"的自然规律以及动与静、上与下、高与低、长与短等辩证的规律最终形成的舞蹈动作韵律。

11.基训

基训指的是舞蹈基本能力(基本动作)的训练。

12.主力腿和动力腿

(1)主力腿

在舞蹈动作过程中,或者形成动作姿势时,舞者支撑身体重心的一侧腿称为主力腿。

(2)动力腿

相对于主力腿而言,动力腿指的是非重心支撑的一条腿,动力腿与主力腿相互配合从而组成各种动作并保持身体的平衡。

13.起范儿

起范儿是舞蹈的一句俗语,指的是动作之间的准备姿势,动作前的准备姿势也可以称作"起势"。

14.造型

造型是舞蹈的一种有效的表现手段,指的是出现在舞蹈动作流动的瞬间或者舞蹈组合结尾停顿时的动作。

(三)动作术语

具体来讲,体育舞蹈的动作术语主要包括以下几种。

1. 舞姿

(1)闭式舞姿

男女站立在相对位置。

(2)开式舞姿

开式舞姿也叫侧行地位 PP(Promenade Position,PP 位是摩登舞最为普遍的步子,处于 PP 位时,男士的脚和臀部与女士的脚和臀部的开度是 1/4,然而上半身相互之间肩膀的开度是 1/8,高低半身的开度相差为 1/8,且有三种不同的方法,一个是往右转,一个是往左转,另外一个则是各自转开)位舞姿,男女并列侧行位置。男伴将头转向左侧,女伴将头转向右侧。

2. 准线

体育舞蹈的准线指的是舞者双脚及其方向的一种关系线。

3. 舞步

(1)舞步:一只脚的一个动作。

(2)基本舞步:表达体育舞蹈的基调的步型,是固定不变的。

(3)舞步型:一套完整的体育舞蹈的舞步组合。

(4)擦步:在体育舞蹈中,在舞者进行开位变化时,其动力脚与主力脚相靠,使身体重心保持不变的舞步。

(5)并步:也叫追步、追并步,指的是舞者双脚并合的舞步。在并步过程中,舞者将一脚向另一脚合并。

(6)实步:舞者承担身体重心的舞步。

(7)虚步:舞者不承担身体重心的舞步。

(8)虚点:用脚掌或者脚跟点地,不支撑身体重心的舞步。

(9)滑步:在第二步双脚并拢的三步组成的舞步。

(10)刷步:运动脚像刷子一样不施重力轻擦地面向重心脚靠近或并合,但是并不形成重心。

(11)锁步:两脚前后交叉,一脚的掌外侧与另一只脚的脚跟外侧相贴。前进与后退的锁步的运动脚分别锁在支撑脚的后面和前面。

(12)追步:第二步双脚并赶的三拍四步的舞步型。

(13)常步:包括前进常步与后退常步两种类型,其中前者是指男士开始时双脚并立,身体的重心落在任何一只脚上,当舞者的身体向前移动时,膝盖稍微弯曲,借助该力量使移动脚离开地面,支撑脚(重心脚)则平伏于地。然后,从胯摆荡腿部向前,使移动脚从脚跟触地经脚掌轻微地向前滑动直至脚掌稍微离开地面,之后进入脚尖触地的位置。后退常步指的是开始时双脚并立,将身体的重心落在任何一只脚上,支撑脚的膝盖稍微弯曲,由臀、胯摆荡腿部向后退,先是用脚尖着地,然后过渡到脚掌,最后是掌跟,这时身体的重心落在脚跟与脚掌之间。与此同时,前膝稍稍伸直但是并不僵硬,后膝稍屈。之后继续将身体的重心转移到后脚,身体继续后移同时带动前脚向后脚靠近,当前脚经过后脚旁边时,前脚的脚掌需要轻轻接触地面,这时候的后脚完全落到地上。

(14)踌躇步:表现前进暂受阻的舞步或组合。

(15)逗留步:身体运动或者旋转受阻时的部分舞步型,脚下短暂停止运行之后改变运行方向的舞步。一只脚作逗留步时,另一只脚或靠近或合并,但是身体的重心在此过程中保持不变。

(16)滑旋步:一只脚在反身动作位置中前进滑移后进行脚掌或脚尖旋转的舞步。运动脚在支撑脚定点旋转中做虚步滑移和旋转放置于支撑脚后旁。

(17)外侧舞步:在对方身体和脚的外侧运行的舞步。

(18)交叉步:双脚一前一后。在体育舞蹈中,同组舞者间一人脚步采用前交叉,则另一人的动作应该恰巧与其相反。

(19)叉形步:又称拂步、扫步,可以左叉也可以右叉,舞蹈过程中,男女舞伴的动力脚应该保持左右相反。

4. 转

(1)正转:向右转动的舞步,也称自然转。

(2)反转:向左转动的舞步。

(3)轴转:舞者一只脚的脚掌旋转,另一脚处于反身动作位置。

(4)跟转:这是轴转的另一种形式,也称跟轴转,是运用重心脚脚跟为轴的一种旋转方式。另一只脚并于重心脚与重心脚同转,但只是进行虚转。转动结束时重心如果上升,重心则常会落在虚转脚的脚尖或者脚掌。

(5)脚跟转:专门指的是向后迈出的脚。通常来讲,在体育舞蹈中,舞者的动作过程相并的脚应该与主力脚平行,旋转结束之后身体的重心应该转移到动力脚上。

(6)脚跟轴转:单一脚跟进行旋转,身体的重心保持不变。

(7)撇转:一只脚脚掌或者脚尖弧线滑移后进行定点圆心的转动,从而使身体的重心在快速转动中下降的舞步,撇转时脚与膝边转边降。

5. 舞步线

在体育舞蹈中,一只脚一个动作的路线就是舞步线。

6. 平衡

平衡指的是舞蹈中身体重心的准确分配。

三、体育舞蹈的场地与服装

(一)体育舞蹈的场地

体育舞蹈的比赛规则规定:体育舞蹈赛场长的两条边线称为 A 线,长 23 米,赛场宽的两条边线称为 B 线,宽 15 米,场地的地面应该平整光滑。比赛过程中,舞者的体育舞蹈套路与动作应该根据场地的边线长短确定。比赛时,所有的舞者都应该沿着赛场的舞程线方向行进。

(二)体育舞蹈的服装

在体育舞蹈中,服饰能够反映一个舞者的文化素质与审美情趣的高低。从广义上讲,服饰指的是衣服及其装饰,既要自然得体、协调大方,还应该遵守体育舞蹈约定俗成的规范或者原则。舞者的着装不仅应该与自身的具体条件相适应,同时还应该注意赛场客观环境、场合的相关要求,要着重考虑时间、地点、目的这三项要素,并尽可能与时间、地点、目的相一致。

社交舞是男女双人舞,对于服饰也有着相应的要求。参加社交舞会的人一般要做到衣冠整洁、服饰得体,具体的要求如下。

1. 男子

男子应穿着端庄大方,以西装革履为佳,颜色最好是选择深色,以全套黑色礼服搭配白色衬衣与深色的领带为宜。

2. 女子

女子应衣着艳丽,不宜穿着旗袍、筒裙、西装裙等有碍舞蹈动作的服装,尽量选择连衣裙,也可以穿着晚礼服。女舞者的着装要求为衣裙上身、腰部、衣袖应该合身,从而方便做手臂动作,也可以很好地表现出女子特有的曲线美。

第三节 体育舞蹈的特点及价值

一、体育舞蹈的特点

体育舞蹈有着较为显著的特点,其总体特点主要表现为以下几个方面。

(一)竞技性

体育舞蹈经过长时间的发展与演变,如今已经形成了具有自身特性的一种舞蹈。体育舞蹈各种形式的比赛日趋正规化,相应的比赛规则也在不断发展和完善,如今参加体育舞蹈比赛的国家越来越多,其所具备的竞技性也在不断增强。

(二)健身性

体育舞蹈与其他的健身体育相同,对于每个人都有积极的作用。

在健身方面,体育舞蹈是人的生理肌体的运动过程。体育舞蹈各个技术动作的完成都需要身体各器官的协调配合,而体育舞蹈的出色完成则需要进行反复练习。由此可见,体育舞蹈的练习过程无疑就是人体器官锻炼的过程。

在健心方面,体育舞蹈以其特定的音乐、气氛与舞姿,通过非常微妙的信息传递并感染每一个舞蹈学生与观众。通过参与体育舞蹈还能够让学生排除学习与生活中遇到的各种苦恼,有效增强自信心。

(三)娱乐性

体育舞蹈所具备的娱乐性不仅是其区别于舞蹈艺术的重要特征,同时也是体育舞蹈有别于其他体育项目的一项重要特点。体育舞蹈非常注重娱乐性,强调自身的和谐发展。从体育的社会价值方面分析,体育舞蹈是人们交流思想、抒发情感以及相互沟通的一种有效形式。正是由于具备娱乐性这一特征,使得体育舞蹈能够迅速在全国得到很好的普及与发展。

(四)艺术性

体育舞蹈是一门艺术,它有着自身独特的"艺术语言"。体育舞蹈是一项集形体美、健康美、线条美以及诗性内涵于一体的艺术,它注重气质以及文化修养的培养。

体育舞蹈通过一定的形式表现一定的内容,具有很强的思想性。在体育舞蹈中,表达一定内容的动作组合称为舞蹈语汇。体育舞蹈的一招一式都与人物的内心活动相对应,是学生心灵的一种外化。舞蹈动作的编排是根据人物以及情节进行具体设计的,从而使组合起来的动作更加富有内涵且个性鲜明。不管是表现具体的细节、行为以及心理活动,还是表现较为抽象的情绪以及精神气质等,体育舞蹈都具有一定的内涵,表现出显著的艺术性特征。

(五)观赏性

体育舞蹈与芭蕾、冰上舞蹈相比有着更多的欣赏者。体育舞蹈将音乐美、服装美、风度美以及体态美完美地融合,不仅具有阳春白雪的高雅与深度,同时还具备通俗与大众化的特点。作为一门视觉艺术,体育舞蹈的欣赏感知点都从可以看得见的形态中表现出来。例如,在欣赏摩登舞比赛与表演时,选手的服装与装饰会吸引观赏者的目光:男舞者通常会身着燕尾服,打着领结,风度翩翩,气质高雅;而女舞者往往身着长摆褶叠裙,秀丽端庄而且典雅大方。

(六)技巧性

体育舞蹈兼有体育与文艺的双重特点,具有严格的规范性与技巧性。体育舞蹈是一个完整的舞蹈系统,是一项高雅文明的娱乐活动,它对于舞姿、舞步及其相应的表现力都有着很高的要求。经过长时间的发展与完善,如今的体育舞蹈已经形成许多高难度的技术动作,观众常常为舞蹈表演者所展示的高度技巧而折服。

(七)抒情性

体育舞蹈同样具有抒情性特征。舞蹈语言主要是依靠主观的形体动作来表现,这些动作足以直接、鲜明地表现人物内心的感情特点。体育舞蹈表现感情是全能的,不仅可以大到某种情绪范畴,而且还可以细到一个人的内心情绪波动过程。

(八)独特性

体育舞蹈的类型不同,其动作所具备的风格特点也存在很大的不同,可以说,体育舞蹈特异的风格也是其巨大的魅力所在。

二、体育舞蹈的价值

体育舞蹈不仅具有鲜明的运动特点,同时还有着多方面的运动价值。具体来讲,体育舞蹈的运动价值主要表现在以下几个方面。

(一)有助于学生身体素质的提高

通过练习体育舞蹈有助于增强学生的体力,从而有效改善学生身体的内脏器官功能,还可以提高关节与韧带的活动幅度,增强关节的弹性以及灵活性,全面发展身心及各器官的机能,提高身体的协调性、灵活性、柔韧性等身体素质。另外,经常参加体育舞蹈还有助于促进学生机体新陈代谢的改善。

(二)有利于形体的发展与气质的培养

体育舞蹈能够有效减少学生体内多余的脂肪,合理控制体重,使体重与关节匀称、和谐地发展。体育舞蹈能够陶冶美的情操,培养学生高尚的情趣,提高人的表现力及艺术鉴赏力,增强韵律感、节奏感和美感体验,培养文明、礼貌的行为习惯和高雅、庄重的行为举止,增强人的个性魅力。体育舞蹈对于学生形成正确的身体姿态与健美的体形,以及培养高雅的气质具有非常积极的作用。

(三)给人以美的享受

体育舞蹈所具备的内容美、形式美、技艺美、精神美使其自身有着极强的感召力,同时还能够有效满足学生的审美需要,给学生以审美享受的价值。

(四)有利于消除紧张与不安情绪

良好的情绪对于学生保持良好的心理状态非常重要。在良好的心情状态下,学生的思想会更为开阔,思维更加敏捷,解决问题也会更加迅速,思想清晰并且富于推理。体育舞蹈能够有效消除学生身体的疲劳,调节学生的情绪,同时还能够活跃身心,改善学生的精神面貌,使学生身心舒畅、性格开朗、心情愉快并且具有充沛的精力。由此可见,参与体育舞蹈对于减轻学生的身心负担,提高学习与工作效率是非常有利的。

在参与体育舞蹈时,优美的音乐、欢快的气氛以及美妙动人的舞姿都会感染每一个人,学生的身心也能够在娱乐与愉悦中得到有效的放松。

(五)有助于推动社交的开展

体育舞蹈是一种非常高雅的运动项目,也是一种沟通学生之间情感的形体语言。经常参加体育舞蹈练习有助于改善学生之间的关系,增进相互之间的了解,这对于丰富学生的业余文化生活、提高生活质量有着很好的推动作用。

第三章　高校体育舞蹈课程的理论基础

第一节　高校体育舞蹈课程的运动学基础

一、运动技能本质

(一)形成运动条件反射与运动技能

1. 运动的反射本质

有关研究表示,人的所有运动都是从感觉开始,随之产生心理活动,最后表达为肌肉的效应活动的一种反射。还有学者认为随意运动的生理机理是暂时性神经联系,并用狗作为研究对象建立食物—运动条件反射。实践证明,大脑皮层动觉细胞可与皮质所有其他中枢建立暂时性神经联系,包括内、外刺激引起皮质细胞兴奋的代表区。运动的生理机理是以大脑皮质活动为基础的暂时性神经联系。所以,学习和掌握运动技能,其生理本质就是建立运动条件反射的过程。

2. 运动条件反射形成的生理机理假说

运动条件反射的形成是通过很多简单的非条件反射综合而成的。随着大脑和各个器官的发育,在这些非条件反射的基础上,通过听觉、视觉、触觉和本体感觉与条件刺激物多次结合,就形成了简单的运动条件反射。人形成运动技能就是形成连锁的、复杂的、本体感受性的运动条件反射。

运动技能与一般运动条件反射并不是等同的,运动技能区别在于其复杂性、连锁型和本体感受性。

(1)复杂性

运动技能是有多个中枢参与形成运动条件反射活动(运动中枢、视觉中枢、听觉中枢、皮肤感觉中枢和内脏活动中枢)。

(2)连锁性

运动技能的反射活动是连续的,前一个动作的结束便是后一动作的开始。

(3)本体感受性

在条件反射过程中,肌肉的传入冲动(本体感受性冲动)起到重要作用,没有这种传入冲动,条件刺激就得不到强化,同时由运动中枢发放神经冲动传至肌肉效应器官引起活动的复杂过程条件反射就不能形成,也就无法掌握运动技能。

因此,运动技能与条件反射的关系就是:运动技能就是建立复杂的、连锁的、本体感受性的运动条件反射。

(二)运动技能的信息传递与处理

所谓的信息处理就是人被外界环境刺激到发生反应的过程。在这个过程中人就是信息处理器,这个过程就是信息处理的过程。这一过程对运动技能的学习也是至关重要的。

形成和再现运动技能的信息源(刺激)的来源分别来自体外和体内。

(1)体外信息源来自体育运动学习的过程,教练或教师发出信息(包括信息的强度、形式、数量等),传输给运动者(传输手段包括示范、讲解、录像等)。运动者通过感觉器官,经大脑皮质分析综合形成初步的概念。

(2)体内信息源来自大脑皮质一般解释区。大脑的一般解释区由躯体感觉、视觉和听觉的联合区组成。一般解释区位置在颞叶后上方,角回的前方。一般解释区是视觉、动觉、听觉的汇合区,具有各种不同的感觉体验和分析能力,信号从这里转移到脑的运动部位以控制具体的运动。

二、运动技能的分类

(一)连续、非连续和序列技能

人们根据运动开始和结束的位置,将运动技能分为连续性运动技能、非连续性运动技能、序列性运动技能三类,具体内容如下。

1. 连续性运动技能

连续性运动没有明显的开始和结束,其动作呈现出不断重复的特征,运动时间相对较长,具有一定的周期性特征。

2. 非连续性运动技能

非连续性运动没有明确的开始和结束,各动作也是由多种简单的动作构成,运动时间相对较短,并没有一定的周期性。

3. 序列性运动技能

多个非连续性运动构成了序列性运动,该运动在各个环节都有一定的顺序和节奏,注重各个环节之间的连贯性。

(二)封闭性与开放性运动技能

人们根据运动技能对外界环境的依赖程度而将运动分为封闭性运动技能和开放性运动技能。

1. 封闭性运动技能

封闭性运动技能主要依靠人体的感受器来实现信息的反馈和调节,通过多次练习便能够使得该运动技能稳定、协调。

2. 开放性运动技能

开放性运动技能依赖于外界环境提供的各种信息,在此基础上,人体综合各种外界环境因素做出相应的运动调节,以便更好地促进运动技能的发挥。在进行开放性运动技能时,运动者需要实时观察外界环境以及队员的变化,对运动者的应变能力和预见能力等均具有较高的要求。

(三)小肌肉群和大肌肉群运动技能

根据操作某项运动技能时人体参与肌肉群体的大小,将运动技能分为大肌肉群运动技能和小肌肉群运动技能。

1. 大肌肉群运动技能

大肌肉群的运动技能需要较大的肌肉系统参与才能实现,需要各动作之间协调、流畅的配合,常见的大肌肉群运动有行走、跳跃、大力扣球等技术动作。

2.小肌肉群运动技能

小肌肉群运动要求对较小的肌群进行控制，对精确性要求较高，需要用到人体的手指、手腕、眼等。常见的小肌肉群运动有射箭、射击等。

第二节　高校体育舞蹈课程的心理学基础

高校体育舞蹈运动的心理学基础，主要通过体育舞蹈运动中参与者的个性心理方面反映出来。相关研究发现，人们参与体育舞蹈运动与人的感觉、知觉、判断、记忆、思维等心理过程，以及性格、兴趣、意志等个性心理特征有密切的关系，这些因素会对人们参与体育舞蹈运动的积极性、自觉性和主动性产生直接影响。本节主要对高校体育舞蹈运动的心理学基础进行阐述。

一、体育舞蹈运动的个性心理

所谓个性是指具有一定倾向性的较为稳定的心理特征的总和。个性心理是指在心理活动中，个人所表现出来的心理特点，主要包括气质、性格、能力三个方面。这些特点会对个人的所有行为产生影响，在体育舞蹈运动中同样有着非常重要的作用。

(一)能力

能力是指顺利完成某种活动必备的心理特征，包括观察力、记忆力、思考力、想象力和注意力等。能力是掌握运动技能，提高运动成绩的基础。在能力方面，人与人之间有着很大的差异，比如人的能力类型的差异(有人善于形象思维，有人善于抽象思维)、能力表现早晚的差异、能力发展水平的差异(如有人聪明、有人愚笨，有人敏捷、有人迟钝)，所以在学习体育舞蹈的过程中，要根据练习者的能力特点因材施教，并采用不同的教学方法，促使每一个练习者都能掌握好相应的运动技能，否则就很难达到预期的目标。

(二)气质

在人的心理活动中,气质是最为稳定的动力特征。气质类型不同,所产生的行为表现也存在差异。对不同人的气质类型进行鉴定或了解,对于高校体育舞蹈运动的学练有着非常重要的意义。在体育舞蹈运动中,气质类型是大学生参与运动的心理依据。

(三)性格

性格,是个人对现实的稳定的态度和习惯化的行为方式。作为个性的一个方面,它跟气质、能力一样都是人们之间存在差别的比较稳定的心理特点,但性格特征有着特殊的表现。性格是现实社会关系在人脑的反映,个人对现实的稳固态度和采取某种行为方式,都是人们的一定思想意识和行为习惯的表现。另外,性格特征具有比较稳定但又可变的倾向,如一个意志薄弱、胆小怕刺激的人,经过长时间的运动训练和多次比赛,很可能变成一个意志坚强的运动员,所以培养性格是培养人的一项重要任务。

综上所述,每一个人都存在着相应的心理过程,并且心理过程与个性心理差异有着非常紧密的联系。在生理运动中,个性心理能够为其提供相应的指导。人的个性心理又是通过心理过程形成的,也是在心理过程中表现出来的,已经形成的个性差异又制约着心理过程的进行。因此,体育舞蹈运动与心理过程有着非常紧密的联系,两者相互促进,并相互制约。

二、体育舞蹈运动与心理效应

体育舞蹈运动的心理学基础主要反映在运动过程中参与者的个体心理方面。体育舞蹈运动可以调节人的心理,使人们的心理向健康方向发展,还可以培养人们优良的心理品质,而优良的心理品质对体育舞蹈具有重要的促进作用。实验研究证明,人的各种心理过程和个性心理特征跟人们运动行为的关系非常密切,它们直接影响着人们参加体育舞蹈运动的自觉性、积极性和主动性。而通过体育舞蹈运动锻炼，又会不断提高、改善和调节人们的心理水平。具体来说，体育舞蹈运动的心理效应主要通过以下几个方面表现出来。

(一)体育舞蹈与认知能力

认知能力对于人来说都是与生俱来的，与遗传因素有着很大的关系，同时外界环境、心理、年龄等因素也会对其产生影响。体育舞蹈运动能够很好地促进人的认知能力的发展。体育舞蹈运动种类繁多，但都有一个共同的特点，即在运动或高速运动中要求运动者既能对外界物体做出迅速准确的感知和判断，又能迅速感知、调整自己的身体，以保证动作的完成。经常参与这项运动能够很好地促进人的感觉和知觉能力更好地发展，提高人的反应速度，促进人知觉判断能力得以提高，从而使人变得更加灵活、敏锐；同时，也能够使人的记忆能力、思维能力、判断能力得到充分的锻炼。在体育舞蹈运动中，人们既能够对运动过程中那些直接作用于感觉器官的动作、音乐以及指导员给予肌肉、神经等的刺激进行感知，而且在思维和指导员指导动作的共同参与下，还能对某些没有经历过的动作形象在头脑中进行创造，从而达到创造出新颖动作的目的。

在智力方面，人的认知能力是一个表现与反应的过程，通过认知能力淋漓尽致的展现能够很好地反映出人的智力的高低。长期参与体育舞蹈运动，能够使参与者的智力功能得到很大的提升，既能够提高参与者的注意、记忆、反应、思维和想象等能力，同时还能够使参与者保持情绪稳定和开朗的性格，并延缓疲劳的产生等。以上这些非智力成分在促进人的智力发育和提高方面有着非常重要的作用。

(二)体育舞蹈与动机

体育舞蹈运动是以身体锻炼为基本手段，配合音乐的伴奏，增进健康、娱乐身心的体育健身项目。在体育舞蹈运动中，人们对练习环境、音乐、指导员的技能水平等都会表现出一种好奇的心理。这种心理就是所谓的动机。动机是指促使人们参与活动的内部动力或心理动因，其意义在于能够激发人们参与活动的热情,并将活动导向一定的目的,从而使个体的需要得到满足等。由于生长环境的不同,人们的个性心理也存在较大的差异,这就造成了在参加体育舞蹈运动时的心理需要、动机层次、指向以及深广度都会有所不同。比如有的人参加体育舞蹈,既可能是出于维护个人健康的需要,也可能是受到朋友的影响。通常来说,在某一时刻最强烈的需要即构成了最强的动机,最强的动机能够更好地推动人们的行为。在体育舞蹈运动中,人们的参与动机并不是单一的,也并不是一成不变的,往往都是很多动机综合起来共同发挥作用。对于各种群体而言,参加体育舞蹈运动的动机主要有以下几个方面。

(1)精神需求得到满足。

(2)达到强身健体的目的。

(3)寻求刺激和娱乐消遣。

(4)增加和丰富社会经验,结交新朋友或对现存的友谊关系进行维护和扩大。

(5)对意志进行磨炼。

(6)为丰富自己的审美情趣,或出于减肥需要。

(三)体育舞蹈与意志品质

体育舞蹈运动对人的意志品质的影响表现为坚强的意志品质。坚强的意志品质是克服困难、完成各种实践活动的重要条件。"明确目的"和"克服困难"是进行意志品质培养所必须具备的两个条件,这也要求体育舞蹈运动具备以上两个条件。在体育舞蹈运动中,人们的目的是非常明确的,在此过程中需要不断克服客观困难(如气候条件的变化,动作的难度或意外的障碍等)和主观困难(如胆怯和畏惧心理,疲劳或运动损伤等),这就需要足够的意志力量。只有不断地克服这些困难,才能慢慢养成身体锻炼的习惯。对于大学生来说,在意志品质的教育方面,体育舞蹈运动是一个非常有效的手段。在行动中不顾任何挫折和失败,不怕任何困难和障碍,以充沛的精力和顽强的毅力坚持达到最终目的,是体育舞蹈运动中对意志品质的教育。而且体育舞蹈运动能够焕发精神面貌,陶冶高尚情操,同时音乐给这种运动带来生机和活力,让大学生在欢乐的气氛中进行锻炼,心情愉快,不易疲劳,使心灵和情操都能得到净化。

(四)体育舞蹈与情绪、情感

在人们的日常生活中,情感每时每刻都充斥其中,但是在诸多因素的影响下,感情又会表现为各种各样非常复杂的心理情绪,情绪是人对事物态度的体验,也使人的需要得到满足的具体反映。研究显示,不管是长久坚持体育舞蹈运动还是一次性的体育舞蹈运动,都能对人的情绪产生良好的影响。因此体育舞蹈运动具有强烈的情感体验,对人的心理影响非常大。体育舞蹈运动中的任何一个项目,都有复杂的情感表现相互感染,有利于转移个体不愉快的意识、情绪和行为。这些复杂的情感体验刺激,在促进学生情感自我调节能力和情感成熟方面有着非常显著的作用。在现实生活中人们也可以通过体育舞蹈运动改善和调节自己的情感状态。

对于情绪的调节作用,体育舞蹈运动主要表现在短期效应和长期效应两个方面。据有关研究人员指出,短时间的运动锻炼可以显著改善紧张、困惑、焦虑、愤怒和抑郁等不良情绪;长期有规律的中等强度的运动有助于改善情绪并增进情感的控制能力。长期参与体育舞蹈锻炼,能够有效地提高学生的沟通能力和交际能力,改善人际关系,能够产生亲近、谅解、信赖和相互谦让的心理感受,从而在心理上产生一种安全感和归属感,更好地适应社会环境,有效降低学生在实际生活中面临的考试压力、学业压力和就业压力等。

(五)体育舞蹈与美感

美感是关于客观事物或者人的言论、行动、思想、意图是否符合人的美的需要而产生的一种情感。体育舞蹈运动具有的强劲、优美、富有活力、节奏感强等特点都能使学生产生美的情感,还能够给人自然、大方、协调、热情、健康的美的感受。美感具有非常复杂的成分,就体验而言,美感既是一种愉快的体验,同时也是一种倾向性体验。

美感表现为对于美好事物的肯定,促使人重复去欣赏,对它感到亲切、迷恋。美感是为人所独有的,它是在人的社会性需要的基础上产生的。在人的整个情绪生活中,这种情感占据着主要的地位,并对人类的生活发挥着非常重要的作用。体育舞蹈运动具有很强的艺术性,经常参加体育舞蹈运动对韵律感和节奏感的增强有促进作用,从而提高了人们认识美、表现美和创造美的能力。

(六)体育舞蹈与心理疾病的防治

医学研究显示,人的大脑中有一种化学物质,其不仅能调节身体的免疫系统,同时还影响着人们的思想感情。这意味着人们的心理状态与生理状态有着非常紧密的联系。这种化学物质不仅存在于个人的大脑中,还能够循环传递于身体各个系统中,包括免疫系统。这就意味着积极乐观的心理状态可以预防疾病,体内分泌出各种有利于健康的化学物质,从而提高人体的免疫机能。如在给一些病人进行康复治疗时,让其保持乐观向上的精神状态有时会达到事半功倍的效果。而相反,负面的心理活动,如消极的情绪、长期的焦虑、发脾气、巨大的精神压力等都会导致不良的生理反应,而这种反应时间长甚至会导致人体的病变。

在信息传递方面,人的大脑与肌肉是进行双向传导的神经兴奋既可以从肌肉传递到大脑,同时也能够从大脑传递到肌肉。积极的肌肉活动能够增加对肌肉的刺激,大脑的兴奋水平也会随之提高,情绪也会越发高涨。反之,肌肉就会放松下来,对神经的刺激也会相应地减少,从而也使大脑兴奋性得以降低,不会产生高涨的情绪。体育舞蹈运动之所以能有效地调节人的情绪,就是运用、遵循了这一原理。很多医学研究认为,在情况允许的情况下,运动治疗可谓是一个非常好的方法。而在运动治疗过程中要遵循下列的基本神经生理法则。

(1)通过感觉来对运动进行调整,运动系统在相当大的程度上依赖于感觉系统对外界环境的有效反应,通过对本体感觉输入进行有效的控制,来对运动的输出进行促进或抑制。

(2)中枢神经系统具有很强的可塑性,也就是说在受到损伤之后,大脑能够进行自行的调整,从而对损伤进行代偿的功能。因此,体育舞蹈运动的作用就是将大脑的这种潜能进行最大程度的发掘。

此外,每个人的心与身都是相互联系、相互作用的,人的心理与人周围的环境、与周围的人也是相互协调、相互影响的。而体育舞蹈运动为人提供了一块珍贵的活动空间,在这一空间中,人的心与身、人与环境、人与人之间都能充分地交融在一起,从而促进主体对环境的适应、促进人际关系发展,使人达到身心平衡,获得身心健康。

三、心理因素对体育舞蹈运动的影响

(一)情绪对体育舞蹈运动的影响

良好的情绪能够明显提高人的活动能力,促进人体运动能力的提高,使人精神焕发、干劲倍增、积极主动、坚韧不拔、持之以恒。不良的情绪则让人表现为精神不振、无精打采、心灰意冷、注意力不集中等。由此可见,在体育舞蹈运动方面,情绪有着非常巨大的影响。作为一项充满活力、散发着热情的运动项目,体育舞蹈必须依靠表演者的情绪来感染观众的情绪。因此,时刻洋溢着愉快、热情是每个体育舞蹈运动者的运动要求。

在体育舞蹈运动中,如果人们的情绪不稳,自控能力差,心慌意乱、忧心忡忡,就难以对动作技能很好地掌握。相反,如果情绪稳定,精神饱满、注意力集中,就能达到良好的运动效果。

(二)良好意志力对体育舞蹈运动的影响

体育舞蹈运动能够培养大学生坚强的意志品质,坚强的意志品质同样对体育舞蹈运动具有积极的影响,如对掌握动作技能,提高运动成绩,增强身体素质等都十分有益。

首先,与日常生活相比,在体育舞蹈运动中肌肉会具有更高的紧张程度,并且需要在不同情景和困难条件下完成各种动作,此时只有具有坚强的意志力便能够使各种动作的需要得以满足。

其次,在参与体育舞蹈运动中,大学生需要将注意力高度集中,并在意志努力作用下,将来自内部和外部刺激的不良影响克服。

最后,大学生在参与体育舞蹈运动时,机体的各个系统会全面运转,很容易产生疲劳,甚至发生运动损伤,具有较强意志者能够克服这种由于运动损伤和疲劳产生的消极情绪,并积极地参与体育舞蹈运动中。

(三)智力对体育舞蹈运动的影响

在身体活动中,人的智力有着相当的作用,虽然大学生的智力发展随着年龄的增长而与其身体活动能力的发展逐渐分化开,两者之间的关系也不再那么明显,此时智力与身体活动能力之间的相关度低,但智力的发展与身体活动能力的发展仍然存在着联系。体育舞蹈运动中,通常会运用到精确的记忆能力、敏锐的观察能力、丰富的想象能力、快速的思维能力等。

第三节 高校体育舞蹈课程的生理学基础

任何事物都有自己的发展规律,认识规律、遵循规律并掌握规律才能事半功倍。在高校体育舞蹈课程中,掌握并把握好人的自身生理特点,能够使自身更好地避免在运动中出现损伤,同时更好地促进运动水平的快速提高。高校体育舞蹈课程中蕴含着非常丰富的生理学方面的知识,这些知识主要涉及物质代谢、能量代谢,人体的生长发育规律以及对身体各个系统所产生的影响等生理学知识,这也是高校体育舞蹈课程的生理学基础。

一、体育舞蹈与物质代谢

在高校体育舞蹈课程中,人是活动的主体。人体从食物中所摄入的糖、脂肪、蛋白质、维生素、无机盐、水等物质的代谢是人体能量的主要来源。而物质代谢又包含了两个相互联系的过程,即合成代谢和分解代谢。体育舞蹈中的物质代谢主要包括糖代谢、脂肪代谢、蛋白质代谢和水盐代谢。通过消化吸收,人体从食物中获取的糖、脂肪、蛋白质等营养物质,经过一系列的代谢过程,一部分用来对人体组成成分和衰老组织进行构筑和更新,另一部分通过进行相应的分解代谢来将其所蕴含的化学能释放出来,并通过转化来为人体参与运动提供所需的能量。

(一)糖代谢

对于人体正常生命活动和参与运动来说,糖有着非常重要的作用,它是人体细胞的重要组成部分,同时也是人体参与运动过程中所需要的重要的能量来源。一般情况下,人体每天所需能量的70%左右由体内的糖提供,并且与脂肪和蛋白质相比,糖在氧化时所需要的氧较少,因此糖成为肌肉和大脑组织细胞活动所需能源的首选,是人体最经济的供能物质。对于高校体育舞蹈来说,人体所代谢的糖的多少与体育舞蹈的运动负荷有着很大的关系,不同的体育舞蹈运动负荷,人体内糖的代谢也存在很大差异。一般来说,糖既能够在人体内提供个体所需的能量,同时多余的糖还可以转化为脂肪和蛋白质。在人体内,肌糖原贮备最多,约为350~400克,因此当进行体育舞蹈运动时,首先动用的是肌糖原。在高校体育舞蹈课程中,持续的运动时间越长,人体肌肉中的肌糖原便会耗尽,血糖下降,此时通过进行肝糖原的分解,进入血液之中。肝糖原与血糖的关系非常密切,在人体内肝糖原的储备约为75~90克。

在安静状态下,正常人的血糖浓度的变化范围在3.9~5.9毫摩尔/升,如果参与运动时间过长,人体内的血糖水平会逐渐下降,这也会直接导致运动者的运动能力下降。研究结果表明,在不同类别的体育舞蹈中血糖浓度的变化趋势是有区别的。

在训练前后,不同类别的体育舞蹈能够引起不同的血糖浓度变化,这主要归因于训练强度、训练内容的不同,以及由此所产生的神经系统兴奋性的不同所造成的。

(二)脂肪代谢

脂肪是有氧代谢为主的训练中的主要能源物质,大部分贮存在皮下结缔组织、内脏器官周围、肠系膜等部位。身体内脂肪的贮存也会随着新陈代谢进行不断的更新。对于人体脂肪的含量,体育舞蹈本身就有着较高的要求,因此全面了解脂肪的代谢过程才能更好地进行高校体育舞蹈课程教学。

1. 脂肪在人体内的代谢过程

脂肪有着较好的疏水特性,借助肌体及摄入到体内的各种乳化剂而形成相应的乳浊液,在机体的水环境下被进行相应的酶解。脂肪经过酶解能够形成甘油、游离脂肪酸和单酰甘油,以及少量的二酰甘油和未经消化的三酰甘油。通过小肠的上皮细胞,脂肪对脂肪微粒进行直接吞饮,或者脂肪微粒中的各种成分进入小肠的上皮细胞而形成乳糜微粒被吸收。乳糜微粒和分子较大的脂肪酸进入淋巴管,甘油和分子较小的脂肪酸溶于水,扩散入毛细血管。最终,脂肪被分解成二氧化碳和水。

2. 体育舞蹈运动中的脂肪代谢

在体育舞蹈运动过程中,研究指出,只有长时间的有氧运动才能动员脂肪供能,运动时间越长,脂肪的功能比例就会越大。作为一种有氧运动,体育舞蹈运动能够促进人体对脂肪酸氧化利用供能能力得以提高,长期坚持从事这项运动能够对血脂升高进行改善,降低血浆中 LDL 含量,增加血浆中 HDL 的含量,消除积累过多的体脂,对身体成分进行有效改善,有着较好的减肥塑身的功能。

(三)水盐代谢

1. 水代谢以及对体育舞蹈运动中人体的影响和作用

水是人体内最多的液体成分,主要分布在各种组织器官和体液之中。人体的水代谢有着非常重要的意义,能够对人体体温进行维持。水具有较高的比热容,温度不容易产生变化,但当进行体育舞蹈运动时,体内产热量的增多或减少却会引起体温的显著变动。水的蒸发热高,所以蒸发少量的汗,就能消耗大量的热。这样能够帮助肌体释放大量的热量,更好地维持内环境温度的稳定。

2. 无机盐代谢以及对体育舞蹈运动中人体的影响和作用

作为人体细胞组织的重要成分,无机盐具有对渗透压、血液酸度等进行维持的多种功能。体育舞蹈运动时,最好不要一次性饮入大量水,这容易造成血液稀释,血量增加,从而使心脏的负担增大。此外,大量的水进入胃中,会超过机体的吸收速度,贮留的水会稀释胃液,影响消化。若大量饮水后继续运动,水在胃中晃动,则会引起呕吐或不适感。所以,体育舞蹈运动时饮水要遵循"少量、多次"的原则。一般在开始运动前10~15分钟,可饮400~600毫升水,以增加体内水的临时储备,而运动中也可每15~20分钟饮100~150毫升水,这样既可以随时保持体内水的平衡,较好地维持运动中的生理机能,减轻心脏和胃的负担。

(四)蛋白质代谢

1.人体内蛋白质的代谢情况

氨基酸是蛋白质的重要组成成分,也是蛋白质的基本组成单位。在人体中,蛋白质有着非常重要的作用,如对细胞进行建造、修补、重新合成并进行自我更新,对激素、酶等生物活性物质进行合成,同时也是人体重要的能源物质。

在人体内,蛋白质经过消化被分解成氨基酸,然后被小肠吸收。通过吸收,几乎所有的蛋白质都能通过毛细血管进入血液之中,可在各种不同的组织中重新合成蛋白质。最终,经过脱氨基作用等代谢过程,被分解成二氧化碳、水和氨。在分解代谢的过程中,氨基酸会释放出能量。

在代谢过程中,糖和脂肪能在体内贮存,而蛋白质不同,蛋白质过多,则会由肝脏分解,由肾脏排出。因此,正常人在日常生活中每日摄取的蛋白质是一定的,即每日摄取的量几乎等同于消耗的量,从而使体内的蛋白质维持平衡。

体育舞蹈运动能够促进蛋白质分解和合成代谢。通过体育舞蹈运动,部分的蛋白质被消耗掉了,许多组织细胞也必将被破坏,从而使蛋白质的修补和再生过程得到加强。因此,在结束运动之后,要进行有针对性的蛋白质补充,从而保持体育舞蹈运动者的肌肉质量,获得良好的体育舞蹈运动效果。

2. 补充蛋白质对体育舞蹈运动的影响

相关研究表明，将亮氨酸、异亮氨酸和缬氨酸以 2∶1∶1 比例进行混合而成的食物，在促进人体肌肉力量的快速增长方面，是最关键也是最基本的物质，能够满足机体进行大负荷的体育舞蹈训练后对蛋白质的需求。因此，在体育舞蹈运动训练中，这种混合物也被视为体育舞蹈训练结束后最为理想的营养补剂。其中的亮氨酸不仅是肌蛋白的结构分子，而且能提升体内三大关键物质，促进合成激素的释放，抑制分解效应。此外，它还能够促进机体中胰岛素和生长激素的快速分泌，从而创造出一个良好的激素环境，能够对体育舞蹈运动当中对人体不利的肌细胞的破坏因素进行抑制。对于肌纤维中主要蛋白的新陈代谢，这种混合物能够发挥出非激素式的促进作用。因此，这种混合物的使用能够最大限度地降低蛋白质在体内的破坏和分解，这样能够促进体育舞蹈运动者的肌肉力量的大幅度快速增长。又因为这种混合物的主要作用是促进人体蛋白的合成，因此这种混合物的最佳服用时间是在运动之后的恢复阶段，而不是运动前。

对于体育舞蹈运动者来说，肌肉力量与质量十分重要，而决定肌肉力量和质量的关键是谷氨酰胺充足与否。因此，为了提高运动的强度和质量，可以在体育舞蹈运动过程中补充谷氨酰胺。谷氨酰胺的生物价值很高，与几乎所有的氨基酸都仅含有一个氮原子不同，谷氨酰胺含有两个氮原子。肌肉内的谷氨酰胺含量在体育舞蹈大强度运动后，会失掉 40% 以上，所以在超负荷运动后，使肌肉疲劳快速恢复的重要手段之一便是补充谷氨酰胺。

综上可知，谷氨酰胺无论是在运动之前还是在运动之后进行补充，都能够获得良好的效果，需要对其补充量的问题予以重视。谷氨酰胺的量的确定，主要依据体育舞蹈运动中的不同项目、不同性别、不同训练内容以及不同运动者的吸收情况，同时要与科研人员密切配合，加强重量指标的检测，来对不同的体育舞蹈运动者补充营养补剂的服用时间和数量来进行有针对性的制定，并确定与体育舞蹈运动强度之间的关系。

增加蛋白质营养会促进肌肉组织的增长是体育舞蹈运动者中普遍存在着的一个错误认识,非常值得注意。大量实验证明,合理地补充蛋白质营养,必须在进行渐进性的力量训练前提下进行,才能使肌肉力量增长。而只在比赛前或赛前调整期才大量补充氨基酸,甚至静脉注射大量氨基酸,均会导致体内酸碱平衡失调,引起运动者身体机能水平下降。

人体内很多激素都会对蛋白质的代谢产生影响,其中在肾上腺素和甲状腺素的作用下,能够促进蛋白质的分解。在人体表现为甲亢症状时,会促进甲状腺素分泌增加,加快人体蛋白质的分解过程,从而导致人体越来越消瘦;当人体生长激素得以快速分泌时,能够促进人体内蛋白质的合成,从而使得肌肉变得更加健壮。

二、体育舞蹈运动与能量代谢

能量代谢是人体与外界环境之间的能量交换和人体内能量转移的过程。物质代谢和能量代谢两者之间有着非常紧密的联系,糖、脂肪、蛋白质等能量物质中所蕴含的大量的化学能能够在能量代谢过程中得以释放出来,供人们在体育舞蹈运动时利用。体育舞蹈训练时,会增加能量的消耗,体育舞蹈运动的强度和持续时间决定了能量消耗的多少。同时,体育舞蹈运动水平以及运动者对技术动作的熟练程度也会对能量的消耗产生影响。下面介绍体育舞蹈运动中的几种供能方式。

(一)运动过程中的能量代谢

体育舞蹈运动时,能量消耗明显增加,体育舞蹈运动时的强度和持续时间,以及体育舞蹈运动者的水平和对动作的掌握程度决定了能量消耗的增加幅度。三磷酸腺苷(ATP),是人体其他任何细胞活动的直接能源,它贮存在细胞中,也是体育舞蹈运动的直接能量来源。体育舞蹈主要是通过肌肉活动来完成的,在具体运动过程中,贮存在肌纤维中的ATP在ATP酶的催化下,快速分解成二磷酸腺苷(ADP)和无机磷(PI),并释放出大量的能量,牵动下肌丝进行滑动,从而使肌纤维进行运动,而完成做功。但肌肉中ATP的储量较少,必须边分解边合成,才能不断满足肌肉活动的需要,使肌肉活动得以持久。实际上,人体内的 ATP 一旦不分解便会得以迅速合成。在具体的运动过程中,所需能量的合成主要来源于:磷酸肌酸分解释放能量、糖原酵解释放能量、糖与脂肪以及部分蛋白质进行氧化分解释放能量。

可以说,ATP 在肌肉中的贮存量并不决定 ATP 主要作用的发挥,它的迅速合成过程是否顺畅则是其发挥作用的决定因素。

1. ATP-CP 系统(磷酸原供能系统)

ATP-CP 合称为"磷酸原",CP 被称为"磷酸肌酸",在肌细胞中得以贮存,它与 ATP 有着非常紧密的关系,是一种高能磷化物,在分解过程中能够释放能量。所谓磷酸原系统是指人体内部由 ATP-CP 分解反应而组成的供能系统。三磷酸腺苷(ATP)是体育舞蹈运动中能量的直接来源,主要在细胞中贮存,需要注意的是,肌肉中 ATP 的贮存量并不能对其主要作用的发挥起着主要作用,最为重要的是能够快速合成 ATP。

在肌肉收缩的过程中,ATP 能够将化学能转化为机械能,在体育舞蹈运动中,人体内的 ATP 转换率会加快,并且与训练强度有着正比例关系。随着训练强度的增大,ATP 转换率的速度也会随之增快,机体对骨骼肌磷酸原供能的依赖性也会增加。

而当肌肉收缩且强度很大时,随着 ATP 的迅速分解,CP 随之迅速分解放能。肌肉在安静状态下,高能磷化物以 CP 的形式积累,故肌细胞中 CP 的含量要比 ATP 多 3~5 倍。在体育舞蹈运动中,人体内的这些物质也是有限的,随着运动时间的不断延长,对于 ATP 的再合成,必然会有其他的能源来进行供应,以保证人体肌肉能够持续的活动下去。

在 ATP 的再合成阶段,CP 起到了非常重要的作用,而这种作用并不是在于其含量,而是在于它具有非常快速地可动用性,既不需要氧的参与,同时也不会有乳酸生成。由于其分子比较大,人体无法进行吸收,CP 和 ATP 都无法作为直接的营养补充。前面提到过的肌酸能被人体直接吸收,肌酸吸收进入肌细胞后能合成 CP,进而为合成 ATP 所用。

磷酸原供能系统中,ATP、CP 均以水解分子内高能磷酸基团的方式供能,因此在最开始进行体育舞蹈运动时,机体会首选磷酸原供能系统进行供能。

2. 糖无氧酵解供能

有些体育舞蹈运动有一定的运动时间且强度很大,磷酸原系统所能供给的能量远远低于运动者机体所需的能量,同时对氧的需要也远远超过运动者的供氧量。在这种情况下,运动所需 ATP 再合成的能量就只能主要靠糖无氧酵解来提供,从这层意义上看,它是机体处于缺氧情况下的主要能量来源。糖的无氧酵解的原料为肌糖原、葡萄糖,ATP 的生成就是在把这些糖分解成乳酸的过程中实现的。

在氧供应充足时,无氧酵解所产生的乳酸,一部分在线粒体中被氧化生能,一部分被合成为肝糖原等。乳酸是一种强酸,在体内积聚过多会破坏内环境的酸碱平衡,使肌肉工作能力下降,造成肌肉暂时性疲劳,是产生运动性疲劳的一个非常重要的原因。

无氧酵解供能的速度快很多,并且不需要氧气的参与,能够在缺少氧气的情况下释放能量以供给机体所需。通过对无氧酵解能力影响因素进行了解,能够促使体育舞蹈运动水平得到更快地提高。

3. 糖和脂肪的有氧氧化供能

在体育舞蹈运动中氧供应充足的情况下,糖、脂肪、蛋白质会被彻底氧化成水和二氧化碳,这一反应过程称为"有氧氧化",也就是所说的"有氧代谢"。通过进行有氧氧化,能够为机体提供更多的能量,以保证机体能够长时间地参与工作过程。例如,由葡萄糖有氧氧化所产生的 ATP 为无氧糖酵解供能的 19 倍。ATP 和 CP 的最终再合成以及糖酵解产物乳酸的消除都是通过有氧氧化来实现的。作为一项有氧运动,体育舞蹈能够将无氧代谢中所产生的乳酸等更加快速、有效地消除掉,从而延缓身体疲劳的出现。

在体育舞蹈运动过程中,机体的骨骼肌通过糖、脂肪、蛋白质三大能源物质的有氧代谢释放能量,合成 ATP,从而构成有氧代谢供能系统。在机体的有氧代谢供能系统中,首先,体内糖原储量较多,肌糖原耗尽需要大约 1~2 小时的小强度运动。其次,体内的脂肪储量丰富,是安静或低中强度运动下的主要供能基质。这一有氧氧化过程对糖有着较强的依赖性,随着运动强度的提高,其供能所占的比例会逐渐缩小,而随着运动持续时间的延长,其供能所占比例会随之增加。最后,在超过 30 分钟的大强度的运动中,蛋白质才会参与供能过程,它与肌糖原的储备有着非常密切的关系。在肌糖原充足的情况下,蛋白质的供能只占到总热能的 5% 左右,在肌糖原耗尽时,蛋白质的供能能够达到总热能的 10%~15%。

影响有氧代谢功能效果的因素有很多种。氧气从空气进入肌肉之中的全过程所经历的各个系统都能对有氧代谢功能的效果产生影响,具体如下。

(1)呼吸系统

肺通气量越大,吸入体内的氧量也就越多,这与呼吸频率和呼吸深度有关。由于人体存在者解剖无效腔,在体育舞蹈运动中通过增大呼吸的深度以消除解剖无效腔所带来的影响,从而提高人体内氧气进入的效率。

(2)血液系统

血红蛋白具有运输氧气的功能。血红蛋白的数量对有氧耐力有着非常重要的影响。如果血红蛋白的含量低于正常人,必将影响运动者的有氧代谢能力。因此,在运动过程中进行定期的测量,了解血红蛋白的含量是必要的,能及时发现、解决问题,做到防微杜渐。

(3)循环系统

心脏泵血功能的好坏是影响体育舞蹈运动的一个十分重要的因素,有研究表明,在运动的初期有氧氧化能力的增加主要依赖于心输出量的增加。

肌肉组织利用氧的能力。经过系统的运动训练,肌肉组织利用氧的能力会明显增加,表现为动静脉氧差的增加。

(二)运动对能量代谢的影响

人体的供能能力经过长期的体育舞蹈运动能够获得很大的提高,这主要表现在完成同样强度的体育舞蹈运动,所需的氧气减少,消耗的能量也相应减少。换句话说,长期参与运动的人在完成相同运动负荷时,消耗的能量也会减少。

经常进行体育舞蹈运动也可使运动者更好地掌握体育舞蹈运动中的一些动作技巧,从而使动作的完成更加自如、协调。通过将多余的动作减少,使得对能量的利用效率得到很大的改善。同时,体育舞蹈运动的进行也提高了呼吸、循环等系统的机能水平,工作效率的提高减少了消耗在供能器官本身上的能量,节省下来的能量可以更好地发挥在强度的保证和难度动作的开发上。

第四章 高校体育舞蹈课程教学研究

第一节 高校体育舞蹈课程教学的原理

一、刺激适应原理

刺激适应是体育教学的一个基本原理,它符合机体运动训练和技能发展的基本规律,体现了教学中对学生机体变化的关注和尊重。

刺激适应包括体育教学训练对机体的影响和机体对体育教学训练的反应两个方面的内容,是一对统一的变量。

所谓刺激,就是通过一定强度的教学训练活动安排使学生接受某一种训练和学习,并且能够达到教学训练效果。有效的运动刺激能提高学生在体育舞蹈运动教学和训练过程中机体机能的适应过程。

所谓适应,就是在一定运动强度刺激下,逐渐使学生提升运动技能,这种适应具有阶段性和层次性。首先,在最初的技能学习阶段,即刺激阶段,学生的机体需要接受来自各方面的各种刺激;其次,在科学运动负荷的刺激下,机体内部各器官和运动系统的功能产生兴奋,并将兴奋传输到机体各个器官中,最后使整个机体都进入运动状态,以实现机体对外界运动负荷的生物应答反应;再次,随着体育舞蹈运动教学与训练的持续进行,学生机体器官和系统持续接受刺激,并持续对这种刺激作出反应,学生的身体机能就会进入良好的工作状态,机体已经适应当前运动刺激;最后,如果学生能坚持体育舞蹈运动知识学习和技能学练,就能在全面增加和系统重复各种外部运动刺激的基础上,产生较为明显的身体结构和机能方面的改造,身体运动器官功能得以完善、身体机能得以改善、体育舞蹈技术水平得到发展。

刺激适应原理要求教师在体育舞蹈课程教学中,遵循学生机体机能的接受刺激和机体适应刺激的变化规律,科学控制教学进度和安排技术动作学练,以提高体育舞蹈教学质量,促进学生身体素质的健康发展和运动技能的有序提高。

特别需要注意的是,良好的刺激能引起机体的良性适应,良性适应有助于机体建立科学的动作技能关联,可以促进体育舞蹈教学的顺利开展和教学目标的实现。在体育舞蹈教学中,运动刺激应符合学生身心承受能力。

二、学习认知原理

认知理论是一种重要的学习理论,该理论主要研究由经验引起的变化是如何发生的,是现代教育教学的一个重要理论基础。

个体的认知具有一定的规律性,具体表现在人对事物的认识是一个由感性上升到理性的过程,对知识或技能的学习必须经历一个由浅入深、由表及里、由简到繁的过程。教育教学要遵守这一客观规律,对于教学不要一味地追求速成,正所谓"欲速则不达",教学要符合学生的认知过程。

在体育舞蹈课程教学实践中,学生对体育舞蹈教材的感知、理解、体会、巩固、运用以及评价等认知活动有其固有的规律,教师应遵循这些规律,在组织学生进行技术动作练习时重视体育舞蹈操作性知识的传授,使学生的体育舞蹈知识与体育舞蹈技术之间建立起巩固的联系,逐步、有序地提高学生的对体育舞蹈知识与技能的认知能力,并促进学生掌握体育舞蹈知识与技能。

三、科学负荷原理

动作技术教学是体育舞蹈教学的主要内容,而体育舞蹈技术教学主要是通过组织学生反复进行身体练习的方式来进行的。因此,体育舞蹈技术动作的练习过程就是学生机体承受不同形式和内容的运动负荷的过程,教师应注意结合教学进度与学生学习情况、身体情况合理安排运动负荷。这就是科学负荷原理。

具体来说,在体育舞蹈课程教学中教师遵循科学负荷原理,科学安排运动负荷应注意以下两方面内容。

(1)在体育舞蹈教学初期,为了促进学生尽快进入学习和练习状态,应以增加负荷量使机体的适应过程逐步实现。

(2)在体育舞蹈专项训练阶段,以提高负荷强度刺激来加深学生的机体适应过程。对于学生运动刺激的增加要及时调整,只要适应水平得到提升才能够实现渐进。这是体育舞蹈教学的基本原理。

(3)对于学生而言,学习的体育舞蹈舞种不同,技术动作不同,运动负荷的安排应有所区别,与舞种、技术学练相适应。

四、循序渐进原理

循序渐进是集教育学、体育学、心理学等学科理论知识为一体的重要教学理论,具体是指教学必须结合学生的学习认知、刺激适应的客观规律,逐渐增加难度。

在体育舞蹈教学中,循序渐进要求教师在教学中应逐渐增加学生技术动作练习的运动量和运动强度,并最终实现学生的体育舞蹈运动技能的提高。

就体育舞蹈理论知识教学来讲,大脑思维的发展、知识储备的增加,都是一个循序渐进的过程,不能一蹴而就。遵循信息渐进原理,就是要求在教学过程中,教师应由少到多、由浅入深地讲解体育舞蹈运动特点、原理、规律,使学生逐步丰富知识储备,并不断提高学习能力和理解能力。

就体育舞蹈运动训练来讲,人体结构的改变、运动能力的提高、内脏循环功能的改善等也需要经历一个渐进的发展过程,循序渐进符合人体动作形成的客观规律。体育舞蹈技术动作学练就在具有一定强度的刺激的基础上,使机体实现某一层次的适应,然后通过这一适应的持续,再进行运动刺激,使机体进入下一阶段的适应,这种适应性的形成是一个相当复杂的协调过程,仅仅靠几次训练和练习是无法实现的,学生运动技能的提高是长期训练的结果,因此只有坚持训练,长期积累经验,经历一个由量变到质变的过程,才能达到良好的训练效果。

五、超量恢复原理

超量恢复,又称"超量代偿""超量补偿",是关于运动时和运动后休息期间能量物质消耗和恢复过程的超量恢复学说。

生理学研究表明,机体运动消耗的能源物质在运动结束后一段时间不仅恢复到机体原有的水平,而且很有可能超过原来水平,这种现象就是"超量恢复"(图4—1)。机体的超量恢复现象会在维持一段时间后消失,技能和体能与运动前水平基本一致。

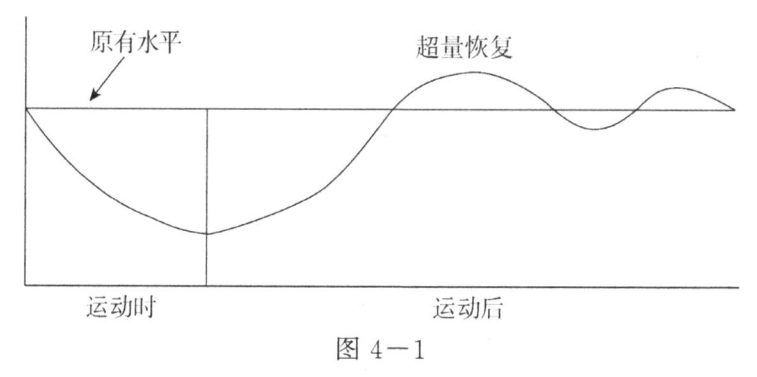

图4—1

体育舞蹈课程教学中,学生学习体育舞蹈技术动作,运动结束后学生各机能的恢复和超量恢复不是同时发生的。一般来说,大脑和神经中枢的恢复最快,此后依次是心血管系统的恢复、肌肉和心理的恢复;机体不同能源物质的恢复速度不同;不同运动负荷下机体的恢复速度不同,负荷越小,恢复越快;不同训练水平的学生恢复速度不同,训练水平越高,恢复速度越快。此外,超量恢复在一定程度上还受到疲劳程度、运动量的大小和营养供给等因素的影响。

在超量恢复原理指导下,体育舞蹈教学训练应注意以下几点。

(1)在一定范围内,运动量越大,人体内各器官和肌肉的功能动员的就越充分,能量物质消耗的就越多,超量恢复也就会越显著。

(2)切忌运动量的过大或过小,如果运动量过大,超过人体正常承受的范围,就会延长恢复过程,可导致过度疲劳;如果运动量过小,身体得不到充分运动,疲劳程度较小,超量恢复效果不明显,不利于获得良好练习效果。

(3)安排重复性的体育舞蹈动作技术训练时,要掌握好间歇的时间。间歇时间太短,疲劳来不及恢复,会加重身体的疲劳;间歇时间太长,只能保持原有技能水平,不能达到增强身体机能和提高运动技能的目的。

(4)体育舞蹈运动训练科学的运动负荷应根据不同学生特点,实现差异化的制定,如运动后的心率达到140~170次/分钟,可以等到心率恢复到100~120次/分钟时,再进行下一次运动较为合适。

第二节 高校体育舞蹈课程教学的原则与方法

一、高校体育舞蹈教学的原则

(一)兴趣主导原则

兴趣主导就是在体育舞蹈教学中重视对学生学习和参与体育舞蹈兴趣的培养,这是体育舞蹈教学的首要原则,兴趣是最好的老师,只有学生对体育舞蹈感兴趣,才有可能学好体育舞蹈。

在高校体育舞蹈课程教学中,体育教师应最大限度地发挥学生参与体育舞蹈运动的积极性,培养他们的独立思考能力、创造能力和自我调控的能力,使学生更自觉地、主动地完成学习任务。具体来说,应注意以下几个方面。

(1)教师应广泛了解学生的体育舞蹈兴趣,并在此基础上针对个体的不同兴趣来选择和安排不同的舞种进行教学。

(2)重视学生正确体育价值观的培养。通过各种教育学、心理学的手段,进行体育舞蹈运动学练的目的性教育,逐步树立自觉学习和参与体育舞蹈运动的态度和动机。

(3)教师应精心设计教学(特别是课的开始),善于激发学生的兴趣,引导其兴趣向正确的方向发展。在教学中能善于捕捉时机,因势利导,对学生兴趣进行积极强化。在初期训练时应以游戏和玩耍的形式开展教学,调动学生的体育舞蹈学练的积极性,使学生对体育舞蹈运动的兴趣转化为学习动力。

(4)采取丰富多样的教学方法,努力激发学生参与体育舞蹈课程教学训练的兴趣。注意运用各种符合不同年龄学生个性心理特征的手段,激发他们参加体育舞蹈运动训练的兴趣。

(5)教师应做好表率作用。教师应善于说服教育,并以自己的知识、能力和表率作用,为人师表、做好榜样,潜移默化地影响学生参与体育舞蹈运动学练。

(二)主体性原则

学生主体原则是在体育舞蹈教学中,要始终将学生作为教学的主体,体育舞蹈课程教学模式、方法、内容等的选择都应充分考虑学生的需要和特点。

具体来说,在高校体育舞蹈课程教学实践中,遵循主体性原则应做好以下几点。

(1)尊重学生的主体地位。教师必须树立学生为主体的体育舞蹈运动教学观念,并在高校体育舞蹈课程教学实践中科学贯彻,要充分调动学生体育舞蹈学习的积极性与主动性,使学生能主动参与体育舞蹈学习中来,积极培养老师完成各种学习任务。

(2)改变传统的教师的"教"与学生被动的"学"的教学理念。根据学生兴趣和需要设计、安排体育舞蹈教学。

(3)发挥教师的主导作用。教师应充分认识到自己在体育舞蹈运动教学中的主导地位,在体育舞蹈运动教学实践中,重视对学生的科学引导,使学生少走弯路、提高学习效率。

(4)在体育舞蹈课程教学中,学生存在着个体差异,就要求教师教师要承认学生的个体差异,重视学生个性的发展。必须采用科学方法发展学生个性。

(5)建立和谐师生关系。和谐的师生关系有助于促进高校体育舞蹈课程教学活动的顺利开展。建立平等的师生关系,维持良好的体育舞蹈运动学、训环境。

(三)直观性原则

体育舞蹈教学的直观性原则具体就是在教学中应充分发挥学生的感官作用,教师通过直观、生动、形象化的教学塑造良好的体育舞蹈运动教学环境、建立轻松的体育舞蹈运动教学氛围,使学生通过视觉、听觉、触觉和肌肉本体感觉来感知所学动作的技术,提高体育舞蹈运动教学效率和教学效果。

高校体育舞蹈课程教学实践中,遵循直观性原则应注意以下几点。

(1)根据具体的体育舞蹈运动教学目标,选择合理的体育舞蹈运动教学内容、教学手段和方法。

(2)在体育舞蹈课程教学中,为弥补教师示范的不足或难度动作把握的准确性,可以利用图示、录像等直观教学手段,让学生有目的地、清晰地进行观察、理解和分析。学生水平较高则可播放正确技术动作影片帮助学生学习,使每个学生都有所发展。

(3)在体育舞蹈运动教学实践中,教师应结合直观性的教学教具和准确的语言讲解,启发学生思维,使学生能举一反三、提高学习效率。

(四)互动性原则

体育舞蹈教学的互动是多方面的,具体来说,在体育舞蹈课程教学活动中,一定要注意教师与学生、学生与学生之间的互动作用,从而将教师的"善教"与学生的"乐学"充分体现出来,这就是体育舞蹈教学的互动原则。

体育舞蹈是一个男、女配合的技艺项目,需要双方在学习和实践过程中彼此沟通,而在教学中,教师不但会以指导员的角色将知识和技艺传授给学生,而且会以舞伴的角色来帮助学生完成各种高难度技术教学,这些都需要教师与学生、学生与舞伴、学生与学生之间的相互配合。

在体育舞蹈教学实践中,贯彻教学互动性原则需要教师做到以下几点。

(1)充分利用多种互动形式与方法。通过师生间的对话交流、师生间的领带与跟随、舞伴间的对话交流、舞伴间的领带与跟随等,达到理想的教学效果。

(2)加强教师与学生的双向交流。将"教"与"学"双方的积极性和能动性充分调动起来,活跃课堂气氛,避免学生被动接受教学任务、消极应对学习。

(3)对学生、舞伴之间的沟通与交流起到积极的促进作用。以舞蹈技艺共同提高为目标,形成融洽、和谐的教学气氛,使师生、生生的互动更方便、融洽。

(五)审美性原则

高校体育舞蹈教学的美育价值是毋庸置疑的,体育舞蹈具有姿态美、节奏美、协调美、表情美、音乐美等特点,因此在高校体育舞蹈课程教学中,始终坚持审美性原则,对于学生的身体美、心理美的发展具有重要的促进作用,同时还能有效提高学生的审美意识和审美能力。

体育舞蹈课程教学中遵循审美原则,教师应注意以下几个方面的内容。

(1)在整个教学中遵循审美性原则,使学生在学习的过程中能够始终保持对美的追求。

(2)通过体育舞蹈练习,充分表现体育舞蹈丰富的运动路线、优美的运动姿态、和谐的运动节奏、协调的肢体配合等,引导学生体验体育舞蹈的运动美、形体美、节奏美、音乐美,并将体验到的这种美内化。

(3)重视培养学生对体育舞蹈的美的感受能力、欣赏能力和评价能力,并将这种美的感知与评判延伸到日常的生活、学习中。

(六)渐进性原则

渐进性原则是指教学要有序安排,对体育舞蹈课程教学中教学内容的安排要做到由简单到复杂、由低级到高级、由单一到组合,循序渐进地进行。

高校体育舞蹈课程教学实践中,遵循循序渐进原则应注意以下几点。

(1)合理选用教学内容。体育舞蹈运动教学过程应符合体育舞蹈运动发展规律,教学内容应由易到难、由简到繁;训练的时间和量应逐步提高。

(2)科学安排教学阶段。在体育舞蹈运动实践课的教学中,要根据体育舞蹈不同舞种的运动规律与特点,从单一到组合,科学组织各阶段教学。

(3)合理安排运动负荷。在高校体育舞蹈课程教学过程中组织学生练习应逐步增加运动负荷,运动负荷应与学生的生理和心理特点相符。具体应按照适应—加大—再适应—再加大的规律有节奏地增加运动负荷。

(七)因材施教原则

"教育要面向全体学生",高校体育舞蹈课程教学的因材施教原则是由学生的个体差异性所决定的。高校体育舞蹈课程教学过程中,体育教师"教"的对象是全体学生,教师应根据每一个学生的具体情况,实施各不相同的、有针对性的教育,使每一个学生都能在原有基础上获得发展。

高校体育舞蹈课程教学实践中,遵循因材施教原则应注意以下几点。

(1)因材施教应建立在统一要求的基础之上,教师对全体学生提出统一的教学要求。在此基础上,应注意每个学生的身体素质与能力水平是有差异的,重视针对个别学生的"教",使教学有区别、有针对性。

(2)了解学生。教练员应对学生充分地观察和了解(如身体素质与个体差异),教学应符合学生特点,掌握不同学生的详细情况,区别对待。

(3)重视教学设计的针对性。在制定体育舞蹈课程教学目标时,综合考虑教材、学生特点、组织教法以及客观教学条件,使教学更有针对性。

(4)满足不同学生学习需求。高校体育舞蹈课程教学目标和要求应符合大多数学生的实际能力,同时兼顾不同层次学生的学习需求,为身体素质较好的学生创造更好的条件,帮助素质差、基础薄弱的学生完成学习任务。

(5)合理安排不同学生的运动负荷。有针对性地提高学生的薄弱环节,扬长避短,促进其体育舞蹈运动技能快速提高,使不同学生均有所提高。

(6)创造因材施教的教学条件。体育舞蹈教学实践中,教师要采用多种教学的组织形式,进行"等质分组"或对身体条件和运动技能有缺陷的同学开"小灶"。

(八)巩固提高原则

巩固提高原则符合学习规律、技能形成规律、遗忘规律、"用进废退"原理等,在体育舞蹈运动教学过程中,教师应重视学生对已学习过的知识与技能的巩固与提高,使学生体能不断发展,体质不断增强、体育舞蹈运动技能不断提高。

高校体育舞蹈课程教学中,遵循巩固提高原则应注意以下几方面内容。

(1)逐步推进教学。高校体育舞蹈运动教学过程中,要层层深入地推进教学过程,不要盲目追求进度,要在每一个阶段的体育舞蹈课程教学中,都使学生奠定良好的知识、体能、技能基础。

(2)对已掌握的体育舞蹈技术动作,要不断提高质量要求,提高动作的表现力等。

(3)反复练习。体育舞蹈运动教学良好教学效果的获得离不开教师对学生体育舞蹈运动学习积极性的调动。体育舞蹈课程教学内容丰富、技术动作较多,但是课时有限,教师应鼓励学生在课外也积极参与体育舞蹈运动,以不断巩固与提高体育舞蹈技能,提高自己的舞蹈艺术修养。

(4)强化训练。体育舞蹈技术练习不能长时间地停留在原有的动作和一个水平上,要有所改变与丰富,一方面能使学生的练习不枯燥,另一方面也有助于学生舞蹈技能的提高。

(5)不断提出新目标。体育舞蹈课程教学要重视通过给学生施加一定的"压力"来督促学生学习,使学生变压力为动力,不断向新的学习目标挑战、不断提高体育舞蹈运动水平。

(6)采用评定成绩、测验、表演和教学比赛等形式,根据课的目标和要求,督促学生不断学练。

(九)全面发展原则

高校体育舞蹈运动教学应促进学生的全面发展,具体来说,就是通过体育舞蹈运动教学活动的开展促进学生的身体、心理、社会适应能力等的多方面发展。

具体来说,高校体育舞蹈课程教学实践中,遵循全面发展原则应做到以下几点。

(1)综合贯彻体育舞蹈课程教学大纲教学目标和教学要求。在体育舞蹈课程教学中,要使学生积极学习国家所颁布的体育舞蹈课程教学大纲的精神,体育舞蹈课程教学大纲所提出的要求与目标,要求学生认真遵循。

(2)注意不同教材的均衡搭配,使学生全面掌握各舞种、各舞蹈技术动作,促进学生身体素质的全面发展。

(3)教学、考核项目和内容应考虑全面发展身体的因素,体育舞蹈课程教学内容、教学方法、教学手段、教学模式、教学组织形式等都应该围绕学生科学设计、选用,促进学生各方面素质的综合发展,使学生真正提高体育舞蹈运动知识和技能,实现身心素质和能力的多元发展。

(十)终身体育原则

体育舞蹈对学生的身心发展影响可以影响一生,它是一项可以终身从事的体育运动项目,在高校体育舞蹈教学中,教师应重视学生终身从事体育舞蹈的意识和习惯。

此外,体育教学应重视终身体育习惯的养成,也是新《体育(与健康)课程标准》对当前体育教学的基本要求。

高校体育舞蹈课程教学实践中,遵循终身体育原则应做到以下两点。

(1)培养学生的终身体育意识。在体育舞蹈教学中,教师要善于发现学生的体育舞蹈爱好与特长,并正确引导,培养学生从事体育舞蹈的兴趣并长期坚持。

(2)重视综合考虑体育舞蹈教学的长、短期效益,体育教师不仅要重视体育舞蹈运动教材或某项运动技能的教学成果,还要考虑体育舞蹈运动教学的长期效益,为学生终身从事体育舞蹈运动奠定知识、体能和技能基础。

二、高校体育舞蹈课程教学的方法

(一)语言教学法

1. 讲解教学法

讲解教学法,是指教师通过语言讲解使学生了解体育舞蹈课程教学内容的教学方法。

在高校体育舞蹈课程教学实践中,讲解法主要应用于体育舞蹈技术动作的方法和要领及技术动作注意事项等的讲解。教师运用讲解法应注意以下几点。

(1)讲解要明确。教师对于体育舞蹈教学内容的讲解必须有明确的目的,不能漫无目的的讲解,明确地告诉学生做什么(What)、怎样做(How)、向什么方向做(Where)、什么时候做(When)、做的次数(Repeat)等。

(2)讲解要正确。在进行讲解时,应注重其内容的正确性,不管是具体的体育舞蹈理论知识、运动文化还是技术动作教学,都应做到准确无误。教学内容不仅要符合学生的知识范围和结构,在学生的接受能力范围之内,还要符合体育舞蹈各舞种风格、技术特点、音乐节奏特点。

(3)讲解要生动。注意语速和语调的变化,调动学生认真听讲,帮助学生建立正确的动作定型。在讲解过程中,重视对技术动作的形象化描绘,可以适当加入肢体语言帮助学生理解,让学生更深刻地理解技术动作。

(4)讲解要有启发性。教师要善于运用对比、类比、提问等方式进行的启发性教学手段有利于学生积极思维,使学生举一反三,触类旁通,让学生将看、听、想、练各种感官动员起来,更好地理解相关的知识,达到学以致用的目的。

(5)重视讲解内容的前后关联性。体育舞蹈各舞种虽然技术风格、动作等都不相同,但是在一些知识、技术上具有一定的关联性,教师应善于借助学生已经接触过、学过的运动技术与教学内容产生联系,促进学生更好地理解动作。

(6)讲解注意时机与效果。应在学生注意力集中、面对教师、注意教师时进行讲解;在学生练习过程中或背对教师时尽量少讲解或不讲解。

2.口头评价法

口头评价也是一种体育舞蹈运动教学中重要的语言方法,多用于体育舞蹈运动实践课的教学,对于学生学习情况及课堂表现给予相应的口头评价,促进学生改进学习。

体育舞蹈课程教学实践中,教师常运用的口头评价可分为以下两种。

(1)积极的评价。积极的评价即对学生的正面鼓励,这能够在一定程度上激发学生的积极性,促进教学活动的更好开展。

(2)消极的评价。消极评价则是否定性的评价,这种评价往往指出学生的不足,明确其提高的方法和努力的方向,用这种方式时应注重语气和口气。

3.口令、指示法

在高校体育舞蹈课程教学实践中,需要借助多种口令和指示,如"4,3,step touch""4,3,2,换动作""重心提高""手臂伸直"口令语言简短有力,能够很好地指导学生进行相应的体育舞蹈运动技术动作的学练。注意发出的口令应在学生的动作变化之前,应有一定的"提前量"。

教师在体育舞蹈练习讲解时,可用提示方法启发学生,如学习华尔兹舞步时,可提示"一、嗒、嗒""二、嗒、嗒""侧、嗒、嗒"等。这种边数节拍边提示动作的方法,要求语言节奏稳定,能随着音乐的节奏正确、准确提示,语气要符合音乐和动作的性质,随着音乐和动作的要求有一定的起伏和变化,以便于学生较快速地掌握成套艺术体操动作。

(二)直观教学法

1. 示范法

示范法是指教师以自身的动作作为体育舞蹈技术动作教学的范例,来对学生的训练进行指导的方法。

体育舞蹈教学中,经常采用的示范法主要有:正面、侧面、背面和镜面示范法。由于体育舞蹈的动作、方向、路线变化比较复杂,因此,在学习较为复杂的动作时,多采用背面示范的方法;学习简单的动作并在行进间完成时,可采用侧面示范的方法;当动作掌握后,要求做好动作配合时,可采用镜面示范法。

在高校体育舞蹈课程教学中,教师在运动示范法时,需要注意以下四个方面。

(1)示范目的要明确:体育舞蹈课程教学中的动作示范要突出体育舞蹈课程教学的重点和难点,而且对于技术基础差的学生还应注意适度。教学初期,教师要抓住体育舞蹈技术的关键动作进行示范,加深学生技术动作表象和记忆。

(2)示范要正确:动作要力求做到准确、熟练、轻快、优美,示范要严格按照规格要求来完成动作技术,体现出不同体育舞蹈舞种容的风格和特点。

(3)示范要便于学生观察:在高校体育舞蹈运动教学中,体育舞蹈技术动作示范应便于学生观察,否则就是无效的示范,学生就不能学习到正确的体育舞蹈技术动作。

(4)示范、讲解与启发学生思维相结合:充分发挥学生的视觉、听觉、触觉等各感官的作用,促进学生对体育舞蹈技术动作的理解,并注意通过对技术规律、特点等的讲解引导和发散学生大脑思维,更有效地促进学生对体育舞蹈技术、结构、规律、风格、特点、节奏、艺术表现等的理解。

2.直观教具与模型演示法

直观教具与模型演示,就是采用图表、照片和模型等直观方法进行辅助教学。

通过直观的教学工具使用,能够使学生更加易于理解相应的技术结构和动作形象。另外,对于一些战术配合,也常采用模型演示的方式进行讲解。

3.助力与阻力教学法

助力与阻力教学法,具体是指教师在高校体育舞蹈课程教学过程中借助外力使学生正确体验的动作用力时机、用力大小、用力方向、动作时空特征等。

4.多媒体技术法

多媒体技术主要包括电影、幻灯、录像等。采用重放、慢放、定格等操作方法,帮助学生认识技术动作,注意播放内容要与教学目标的适应。

体育舞蹈教学实践中,注意多媒体技术教学与讲解、示范结合使用,使体育舞蹈课程教学更生动。

(三)完整与分解教学法

1.完整教学法

完整教学法,是指在体育舞蹈技术教学中,从动作开始到结束,完整地进行教学和练习的方法。技术动作的难度不是很高,或技术动作不可进行分解时一般会采用完整法,首次进行动作示范时也多采用完整法。

在高校体育舞蹈课程教学中教师合理运用完整教学法应注意以下几点。

(1)讲解要领后直接运用。体育舞蹈运动教学过程中,教师通过对体育舞蹈技术动作的分解讲解后,示范整个技术动作,使学生能流畅地模仿完整技术动作。

(2)强调动作练习重点。体育舞蹈运动技战术的实践课教学过程中,对于较为复杂的动作,教师应明确讲解、示范重点,使学生正确把握技术动作难点。

(3)降低动作练习难度。对于技术难度较大的体育舞蹈动作,应适当降低技术难度,待动作熟悉后,再要求学生按标准动作进行完整动作学练。

2.分解教学法

分解教学法适用于复杂和高难体育舞蹈技术动作教学,具体是指在体育舞蹈运动教学实践中,教师分解完整的体育舞蹈技术动作,通过各个阶段、环节的逐个教学的教学方法。

体育舞蹈课程教学实践中,对于分解教学法的合理运用应注意以下几个方面。

(1)合理分解动作。按体育舞蹈技术动作的时间顺序、空间部位,以及时间空间的结合,对体育舞蹈运动技术进行分解,不能割裂技术环节之间的逻辑关系。

(2)技术分解,应以完整的技术概念为基础,否则就不能合理把握整个体育舞蹈技术动作。

(四)预防与纠错教学法

预防与纠正错误教学法是教师分析学生学习过程中可能出现的各种错误及其原因,预先采取有效的教学手段,及时、合理避免学生产生相关错误并及时纠正的教学方法。

预防具有一定的超前性,纠错具有鲜明的针对性,预防和纠错是相互联系、结合使用的。

(五)渐进教学法

高校体育舞蹈技术动作复杂多样,因此教师在教学中也常采用渐进教学法,使学生由易到难、由简到繁、由浅入深,循序渐进地掌握各种动作技术。

在体育舞蹈课程教学实践中,教师采用渐进教学法的具体操作方法有如下几种。

(1)由学习单个动作到组合动作。

(2)由单手动作到双手动作。

(3)由原地完成动作到移动完成动作。

(4)由较慢地完成动作到较快地完成动作。

(5)由局部动作到整体动作。

(6)由不配音乐完成动作到配音乐完成动作等。

(六)探究教学法

探究教学法是指教师在有计划的安排学生"发现"问题,经过探索,最终解决问题的教学方法。该方法有助于培养学生独立学习能力、创造性思维和分析、解决问题的能力。

体育舞蹈各舞种的每一个动作都是由身体、空间、动力、关系四大要素及相关动作主题构成及变化配合(表4-1)。

表4-1 体育舞蹈动作要素和主题变化

元素	主题变化
身体	肢体的运用(脚、膝、手、肘……)、身体形态(块状、条状……,对称、不对称)、身体活动(移动、跳跃、扭、翻、转……)
空间	方向(前、左、右上、左下前……)、水平(高、中、低)、路线(空中、地面、直接、迂回)、伸展(远、近)
动力	因素(直、曲、快、慢、轻、重)、韵律(有、无;自由、限制)
关系	互动对象(与肢体、与他人、与器械)、互动模式(模仿、对比、同步、对话、互补、利用)

在体育舞蹈课程教学实践中,教师可根据探究教学原理引导学生根据原有的动作要素,依据自己的能力设计新动作(图4-2)。

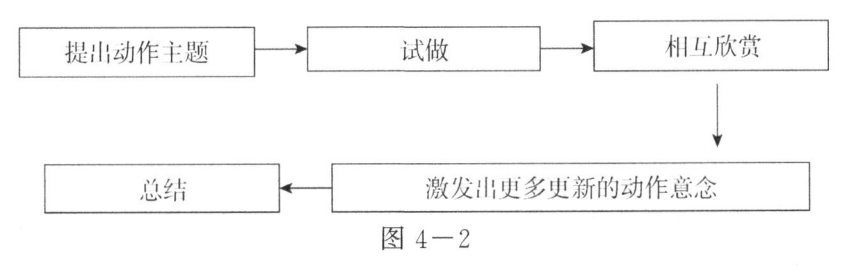

提出动作主题 → 试做 → 相互欣赏 ↓
总结 ← 激发出更多更新的动作意念

图4-2

实施探究教学法,教师应重视鼓励学生,适时提出建议,引导学生归纳、完善构思,进而成功解决问题。

此外,探究教学法对教学内容结构要求较严格,在体育舞蹈课程教学实践中,教师应根据不同学习阶段和预期教学效果来运用。

(七)意念教学法

体育舞蹈课程教学不仅要教会学生动作,更重要的是要学生体会"舞蹈感觉",使学生能充分理解与把握体育舞蹈各舞种的风格、韵律、气质、风度等。学生的舞蹈感觉受舞蹈意念的支配,体育舞蹈动作不仅是单纯的舞蹈动作模仿,而是用意念指导动作,表现舞蹈魅力。

具体来说,意念教学法就是通过思维活动让学生在想象中完成动作的一种注重"心理练习"的教学方法,又称念动教学法或表象重现法。

体育舞蹈艺术性较强,它对教师有较高的要求,要求教师启发性地将自己对舞蹈本身的理解、动作的领会、内心活动和情感需要等讲授给学生,从而将学生对动作的想象积极调动起来,提高学生学习的积极性。

在体育舞蹈课程教学中,合理应用意念教学法需要注意以下几个方面。

(1)教师应在体育舞蹈教学中充分发挥主导作用,要求其观察并及时引导学生进行意念运动表象。

(2)采用意念教学要求学生必须对动作或技术概念熟练掌握,这是意念教学的前提。

(3)日常教学中,要培养学生主动应用意念学习,培养学生"用脑学舞"的习惯。

(八)方位教学法

方位教学法,具体就是指在体育舞蹈教学中,通过识别动作过程中人体与场地相关方位,教育学生用以记忆动作的方法。

体育舞蹈课程教学实践中,方位教学法主要是针对具有一定体育舞蹈水平的学生使用的教学方法。该教学方法的运用应注意使学生明确以下几点。

(1)人体基本方位变化。人体基本方向不是一成不变的,而是随动作的变化而变化的。

(2)比赛场地固定方位线。体育舞蹈的比赛场地是由 A、B、C、D 四条方位线确定的,四条方位线确定后,是不能改变的。

(3)人体与场地相关方位。教学中,教师要让学生彻底弄清楚动作开始、动作过程和动作结束时人体与场地的相关方位,这是识记动作的主要因素。

(九)音乐教学法

音乐素有舞蹈之魂的称谓,在体育舞蹈课程教学中具有非常重要的地位。音乐教学法就是充分利用音乐功能进行体育舞蹈的教学的教学方法。

音乐教学法可以激发学生的情绪,提高舞蹈艺术展现力,增添美的感染力。具体应注意以下两点。

(1)注意培养学生的乐感,使学生具有一定的音乐素养,做到一听音乐便知是何种舞曲。

(2)要求学生熟练体育舞蹈技术动作,使动作与音乐融为一体,充分展现舞姿美。

(十)电化教学法

电化教学法是一种现代化的教学方法。具体来说,是教师指导学生观看录像教材,建立直观印象,或通过对比纠正学生技术错误的教学方法。

在体育舞蹈课程教学中,科学采用电化教学法应注意以下两个方面的内容。

(1)明确观看录像目的。使学生知道看什么,怎么看,为什么看,提高学生接收信息的准确程度。

(2)通过观看录像,找出差距,使学生明确自己的程度,激发学生积极进取的学习欲望。

第三节 高校体育舞蹈课程教学的目标与特点

一、高校体育舞蹈课程教学目标

(一)知识技能发展目标

高校体育舞蹈课程教学的知识技能发展目标主要是指,通过体育教学,丰富学生的体育舞蹈的理论知识、提高学生的体育舞蹈技术动作。

首先,学习体育舞蹈理论知识是学生认识体育舞蹈、了解体育舞蹈的重要基础,通过开展体育舞蹈理论课教学,使学生熟悉并掌握体育舞蹈的基本理论知识,以此来让学生对体育舞蹈的理解更加深入,使其理论素养得到有效的提高,从而为其从历史的、发展的角度看待和从事体育舞蹈奠定基础。

其次,提高学生的体育舞蹈技能是体育舞蹈教学的重要目标之一,学生对体育舞蹈基本动作掌握的基础就是熟练掌握体育舞蹈基本理论知识,这就要求在熟练掌握基础知识的基础上来学习体育舞蹈的技术动作。通过体育舞蹈教学,应使学生熟练掌握体育舞蹈基本技术、基本技能、基本动作方法、身体素质练习方法,掌握成套体育舞蹈,培养学生参加体育舞蹈活动的运动能力。

(二)体形姿态发展目标

体育舞蹈具有良好的健身、健心、健美价值,高校学生正处于青春发育后期,身体形态仍然具有很强的可塑性,因此在体育教学中应重视对高校学生良好形体和姿态的塑造。

完美的身体形态是机体功能完善的重要反映,而姿态的端正(正确的美的站、坐、走姿势),更是充分展现出了形态美在活动中的状态,体形健美、姿态端正是体育美育教育的重要要求。随着体育美育价值在体育教学中地位的不断提高,学生体型健美、姿态端正也成为体育教学的一个重要目标。

体育舞蹈是与形体姿态发展密切相关的一项体育运动,体育舞蹈自身的独特运动魅力使其在学生的形体和姿态改善方面具有重要作用,改善学生体形和姿态是现代高校体育舞蹈课程教学的一个重要教学目标。

(三)身体素质发展目标

身体素质是个体各器官系统在体育运动中所表现出的各种机能能力,它主要包括力量、速度、耐力、灵敏、协调、柔韧等方面的素质。身体素质是个体参加体育运动的重要基础,发展学生身体素质是体育教学与训练的重要目的之一。

在体育舞蹈课程教学中,全面发展学生身体素质是体育舞蹈教学一个较为基础的教学目标,身体素质在体育舞蹈运动训练中发挥着重要作用,如动作的力度、速度、幅度、高度、协调性等都需要有良好的身体素质作基础。由此可见发展学生身体素质的必要性和重要性,将其列为体育舞蹈课程教学的教学目标不足为奇。

(四)心理素质发展目标

体育舞蹈课程教学的心理素质发展目标主要是指培养学生良好的思想道德品质。体育舞蹈的前身是社交舞,这就决定了其对舞者的品行、道德、艺术审美、艺术表现要求都比较高,是促进学生心理素质健康发展的基础。

在体育舞蹈科学教学中,教师通过体育舞蹈的学习,结合体育舞蹈运动的特点,寓思想政治教育于体育舞蹈课程教学之中,培养学生正确的道德观,提高学生的思想觉悟,重视培养学生的良好品行、艺术素养和性格特征。

(五)艺术审美发展目标

体育舞蹈具有重要的美育价值,美育是帮助学生形成科学审美观念、培养美感和提高创美能力的教育过程,对学生的个人审美能力的提升具有重要作用。

将提高学生审美能力作为体育舞蹈教学目标,具体是以体育舞蹈教学为主要途径和载体,对学生进行科学的审美观念、健康的审美情趣、较强的审美能力的培养,提高学生的自我审美修养。

二、高校体育舞蹈课程教学特点

(一)教学内容丰富

体育舞蹈教学内容丰富,包括标准舞、拉丁舞两大舞系十个舞种,每个舞种都有系统、规范、复杂的技术动作、技术方法,都需要学生学习并掌握。

体育舞蹈的两大舞系动作标准不同,动作难度存在着一定的差异性,比如,标准舞的每个舞步都要从步序、步位、步法、方位、转度、升降、反身动作、倾斜、节奏等方面去规范;拉丁舞的每个舞步都要从步序、节奏、节拍、步位、步法、使用动作、身体转量等方面去规范。在体育舞蹈课程教学中,学生要接受的知识、技能内容丰富,信息量大,需要学生认真学习每一个舞种。

此外,随着体育舞蹈在世界范围内的流行与多元化文化吸收,体育舞蹈项目也越来越多地融合了世界各个民族各个舞种特点,体育舞蹈技术的变化也在一定程度上进一步丰富和创新,进一步丰富了高校体育舞蹈的教学内容。

(二)课堂教学密度大

体育舞蹈技术动作要素丰富,如节奏、线条、配合方式等,每一个动作要素的改变,都可以将体育舞蹈的每个动作变为新的动作,形成新的动作组合。体育舞蹈教学不仅要教会学生规范的标准动作,还要通过动作要素改变提高学生的身体能力和技艺水平。而要完成这样一个教学过程,课堂密度是非常大的。

(三)健身效果显著

体育舞蹈的各种技术动作是体育舞蹈教学的重要内容,要求学生通过各种舒展、优美、协调的动作以及正确的身体肌肉用力方式和各个关节的正确做功,逐一完成体育舞蹈的各技术动作。

体育舞蹈教学具有较为显著的健身功效。长期练习体育舞蹈,能够有效刺激内脏器官,使机体各系统机能有效增强,在完成多样化的体育舞蹈动作时,还能够有效促进人体多项身体素质的发展。

在体育舞蹈的教学过程中,教师和学生都必须重视每一个舞蹈技术动作中身体的姿态、关节的屈伸、足着地点、用力方式等,并通过反复练习达到自动化阶段,提高体育舞蹈运动技能,这一过程不仅是技能学习过程,也是身体素质的发展过程,更是良好的健身过程。

(四)重视身体姿态培养

健康的形体对于体育舞蹈的练习者来说意义重大,拥有健康的形体能使体育舞蹈练习者保持一定的技术实力和运动自信。

体育舞蹈是一项舞蹈艺术,学生通过练习可以消除不良身体姿态,增进形体健美。[1] 体育舞蹈课程教学对学生健美身体姿态的培养,不仅体现在形态美方面进行塑造,还体现在重视学生身体姿态的美化和高雅气质的培养。

具体来说,在体育舞蹈各舞种中,学生身体线条本身就是教师评判其技术动作是否标准、优美的组成部分,每个舞种对身体线条都有不同的要求,因此体育舞蹈技术教学与对身体线条的严格要求密切相关,要求学生将身体姿态和身体线条充分展示出来,以符合不同舞种的技术要求。因此体育舞蹈教学重视学生良好身体姿态的培养是一个重要的教学基础。

(五)强调艺术表现

体育舞蹈运动中有着审美和技术的双重标准,具体来说,就是指美的风貌和仪态。体育舞蹈教学对于艺术修养和审美能力也有进一步的要求,这对于良好气质的培养是有利的。

体育舞蹈是一项具有艺术感染力的运动项目,其所包含的风格迥异

---

[1] 荣丽.体育舞蹈基础教程[M].北京:北京航空航天大学出版社,2007.

的各项舞蹈有助于促进个体艺术感受力和领悟力的提高。因此,在体育舞蹈教学中,不仅强调学生对技术动作要熟练掌握,还强调学生对体育舞蹈音乐、情绪、文化、美学欣赏、服饰搭配等的理解与应用,这些都是体育舞蹈的艺术表现内容,也是体育舞蹈课程教学的教学重点。

(六)音乐与节奏贯穿始终

音乐是体育舞蹈的灵魂,在体育舞蹈中,通过音乐节奏的快慢、强弱、轻重、缓急、流畅与顿挫来创造舞蹈意境。[①]

音乐是体育舞蹈教学课堂的一个不可或缺的部分,在体育舞蹈的教学过程中,每个舞种音乐的基本节奏和类型都是教学的重点和难点,学习体育舞蹈技术的基础就在于对音乐节奏和类型的正确掌握。对音乐与节奏把握不准,将直接影响体育舞蹈技术的准确性和体育舞蹈艺术力的表现。因此,体育舞蹈教学非常重视对学生音乐表达能力的培养。

体育舞蹈教学中,音乐与节奏的教学内容主要表现在以下几个方面。

(1)基本的音乐节奏和类型。

(2)音乐的节奏时值、旋律、结构、情绪等。

(3)音乐节奏与具体动作的结合。

音乐与节奏不仅是体育舞蹈教学内容和技术组成部分,还能够对课堂气氛、学生情绪起到重要的调节作用。在体育舞蹈教学过程中,教师对音乐的选择与应用要引起重视,以增强教学效果。

(七)学、思、训有机结合

体育舞蹈技术复杂,每个舞系、每个舞种,甚至每个技术动作的具体要求都有所差别,这就要求教师在教学过程中将这些技术细节细致入微地传授给学生,使学生熟练掌握各技术动作。

体育舞蹈技术动作的复杂性要求学生在体育教学学习过程中,不能只是单纯的动作模仿,而是真正领会技术动作的特点、原理、规律,这就需要学生进行思考、认真学习。体育舞蹈教学过程中,通过教师引导,不仅

---

① 钱宏颖,葛丽华.体育舞蹈与排舞[M].杭州:浙江大学出版社,2011.

要关注基本技术动作,对技术动作的正确训练方法的重视程度也要有所提高。另外,不仅要对动作技术是什么有所关注,更要对这样做的原因引起关注,对技术原理的解析和具体应用要在整个教学过程中有所体现,也只有这样,才能使学生举一反三地去练习,并学会自己去对动作技术进行分析。教师要对技术原理进行分析和归纳,从而使教学过程更具有启发性,更加趋于合理,进一步提高学生思考问题、解决问题的能力,体育舞蹈科学教学必须将学生的"学"和"思"有机结合起来。

要熟练掌握体育舞蹈动作技巧,在体育舞蹈的教学实践中,还要有一定比重的学生训练,只有通过训练才能使学生把学到的理论知识经过实践变成现实的技术。体育舞蹈练习应该贯穿始终,在教师的指导和学生不断自我修正中,通过科学的技术理论知识指导技术训练实践,使训练更高效,并进一步提高技术的完善程度,并最终进入动作自动化阶段。因此,体育舞蹈教学过程也是"思"与"训"有机结合的过程。

总之,体育舞蹈教学过程是一个学习、思考、训练、反馈、修正相结合的过程。而从学生的角度上来说,这一过程能使学习效率得到有效提高,对学生的自主学习能力的培养较为有利。

第五章　高校体育舞蹈课程教学的组织与管理

第一节　高校体育舞蹈课程教学文件的制定

一、教学大纲

实际上,包括体育舞蹈课程在内的所有体育运动类课程的开展都要在一个基本的教学大纲的框架内。教学大纲是最基础的体育舞蹈教学文件,是教学活动的总的参考。

结构完善的体育舞蹈课程教学大纲所包括的内容主要有:大纲说明、教学目标、教学要求、教学内容、教材及参考书、教学设施、考核内容与方法等。

对于体育舞蹈课程的教学来说,其大纲制定要满足如下几点要求:

(1)符合体育舞蹈课程教学的实际。

(2)符合体育舞蹈运动的特点。

(3)能体现教学内容的科学性、系统性和先进性。

(4)对课程任务和教学时数予以确定,并做到时数分配合理。

(5)考核内容应包含理论、技术与技能;考核方法应公平、客观、全面,注重采用形成性评价的方法。

二、教学进度

在教学大纲的框架下对教学进度进行具体制定。事实上,对教学进度进行制定会涉及教学任务、教学内容和时数分配,过程中需要将这几点要素进行合理分配和安排,以期将不同难度的教学任务与内容匹配上恰当的教学时数。由此可见,教学进度是详细的体育舞蹈课堂教学的指导文件。

秉承科学性原则制定的教学进度应满足如下几点要求:
(1)在能够突出教学重点的基础上合理安排体育舞蹈教学内容。
(2)不同教学内容之间的安排要有逻辑性。
(3)教学内容应包含体育舞蹈的理论、规律、技术、技能、风格和特点。
(4)教学课时根据教学任务的难易程度搭配合理。
(5)注重理论内容的教学,并在课程教学中坚持理论指导实践。

三、教案

教案是教师结合教学进度对一堂课的教学内容、教学步骤、时间安排和详细步骤等流程进行编写的教学文件。教案是最详细的一级体育舞蹈课程教学指导文件,在编写时应注意做到如下几点要求:
(1)以教学目标和进度为基础确定每堂课的教学任务。
(2)以教学任务为基础确定每堂课的教学内容、方法和组织形式。
(3)以教学内容、方法和组织形式为基础确定每堂课的场地和器材。
(4)课堂教学中要注意做到因材施教和区别对待。
(5)本次课程与下次课程之间应具有一定联系,彼此之间良好衔接。

第二节 高校体育舞蹈课程教学的组织与实施

一、教学课的准备

(一)课前准备

课前准备,是在课程正式开始前由教师做出的一切与教学活动有关的实物准备工作。

体育舞蹈课程的教学活动总是需要一定的教学资源,如合适的场地和音乐播放设备、镜面墙等。这些准备与其他类型的体育教学有较大不同,这都与其包含较多的艺术特性有关。有鉴于此,在场地选择上就有了更多的考究,应为平整的木质地板,而不能是坚硬的水泥地。为了使教师和学生看到自己的动作,在体育舞蹈场地中通常还要设置至少三面的墙镜,最为理想的是四面墙镜。此外,场地的面积应大于150平方米,场地应有足够的照明以及良好的通风环境。为了顺畅播放舞曲,应配备多媒体播放系统以及相应的扬声系统。

除上述这些主要的场地与设备外,教师的课前准备中如有需要,还可准备摄像机等设备,用以记录课堂情况以及拍摄学生的学习成果供双方研究。

就体育舞蹈教学的准备工作来说,除了要做好必要的场地和器材等硬件准备外,还有一项关键的硬件,那就是对课程的管理和师资队伍状况。对这两方面的内容具体要求如下:

(1)建立完善的体育舞蹈课堂制度以及场地和器材的使用规范等。

(2)组建专业实力过硬的体育舞蹈师资队伍。

(3)制定详细、完备且科学的教学方案,特别要严格设定教学步骤与内容等。

(二)课程计划的制定

作为一个体育舞蹈教师,要善于借助有序、系统的课程计划来掌控自己的教学过程。为了使体育舞蹈的教学更加系统和有计划性,教师应对课程做好学期计划和课时计划的设计工作,特别是对每堂课的课程计划,要做到内容详细、步骤合理、方法可行,以此证明教师已经具备驾驭课堂的能力。通常课程计划需要包括培训对象、培训目的、培训内容、教学方法与手段、教学进程以及教学的重点和难点等几个项目。

(三)课程进度

课程进度是体育舞蹈教学必备的教学文件之一,它需要建立在课程计划基础之上。要做好课程进度的制定工作就要统筹安排每门课程的具体进度,让学生能清晰地了解每门舞蹈课所要掌握的内容和程度。教学进度一般包括课次、课的主要内容、主要教学手段和教学要求等项目内容。

二、教学课的实施

(一)体育舞蹈课程的结构

从总体上看,体育舞蹈课程几乎与其他体育项目的教学结构类似,也会将一堂课分为准备部分、主体部分和结束部分。如此划分课程是为了符合人体生理机能变化、心理活动变化和体育舞蹈教学特点的需要。下面以90分钟一堂课为例,对其中不同部分的安排进行说明。

1. 准备部分

(1)准备部分的时间可设置为15分钟。

(2)通常在准备部分中安排的内容主要为教师向学生布置学习任务,说明课程注意事项以及安排准备活动。

2. 主体部分

(1)主体部分的时间可设置为65分钟。如果在某次课程中安排了需要学生付出更多体力的内容,则可视学生的体能状况适当减少一些时间。

(2)主体部分的任务为教师教案中的具体教学内容,这是学生学习体育舞蹈理论与技能的主要阶段。其主要教学内容如下:

①单一动作练习。这种练习的目的为通过单一的、简单的技术动作为此后的组合动作打下牢靠的基础。

②基本动作组合。这种练习的目的为将两个或两个以上的动作进行结合练习,以期使学生更好地掌握组合动作的完成方法与技巧,为日后单元性动作乃至成套动作的顺利完成打下基础。相比单一动作练习来说,基本动作组合练习需要更高的技术能力,当然形式上也更加丰富。

③单人组合动作。这种练习的目的是让男女学生各自练习自己的组合动作,这是完善自身动作的理想方法。

④双人配合组合动作。这种练习的目的是让男女学生搭配完成组合

动作乃至成套动作。这是体育舞蹈实践性最强的练习,考验的是舞者之间的默契与协调。双人配合组合动作以双人配合技术为主,在此需要强调的是在过程中除了要注重两人的技术能力外,还应注重动作的默契度以及身体和表情的表现力。

⑤复习部分。复习部分是遵循螺旋式学习方法的理论而来,即在发现学生有些动作的能力较弱时,可安排相关内容的复习,以巩固和改善学生的不足。为了达到更好的复习与巩固效果,复习部分也可安排在主体部分的第一个环节中。

3.结束部分

(1)结束部分的时间可设置为10分钟。

(2)结束部分的作用在于有序结束教学活动。具体内容包括放松活动、教师点评教学情况和布置课后作业等。

实际上,在体育舞蹈教学的实践中,上述课程结构更多是一种总体的划分参考,在实际教学中很可能因为一些情况的存在而不能做到严格按照这个区分行事,但这并不是什么问题。可以依据实际情况对此进行一些调整,但无论作何调整,都要本着科学严谨的原则进行教学安排,如此才能让体育舞蹈课程教学收获最佳的效果。

(二)体育舞蹈教学分组的应用

体育舞蹈的组织特点就是需要由男生女生一同合作完成,如此在教学中就会将学生以性别为依据进行分组,除此之外还会以其他条件作为分组的依据来分组。一个好的分组的意义在于提高教学效率,也有利于提高学生与教师的沟通顺畅度,而效果不佳的分组则会给教学效果乃至教学氛围带来消极影响。

鉴于体育舞蹈的教学特点,采取分组教学的方式来组织教学活动其优势必然大于一般的以自然班为模式的混合教学。分组教学最大的优势在于能够根据不同组别的特点来实施因材施教的教学原则,如专门给男生讲解男士舞步与动作,或针对女生做特别的讲解等,这样教学增添了针对性,教学效率也会大大提升,并且这也符合学生的心理特点。

为了能使分组更加得当,教师需要先对学生的基本情况予以了解,特别是要对学生的体育舞蹈初始能力、身体条件及学习能力有一个大体评估。具体来看,要想完成合理的分组可以参考以下几个方面进行。

1. 按照教学内容分组

体育舞蹈在教学上对不同角色有不同的要求,所以为提高教学效率,通常会将男女分开进行教学和练习,然后在时机得当之时再行男女配合学习与练习。而就分开练习来说,通常会由两名教师来完成,一名专职教男步,一名专职教女步,这两名教师最好也是一男一女。但如果受限于师资不充足或课程安排问题,只能有一名教师来组织教学的话,则一般先教男步,然后再教女步。

2. 男女比例失调时的分组

在日常教学中经常会出现男女生人数不同的情况,面对这样的问题可以用如下方式解决。

(1)如果出现男生少女生多的局面,在男女分组后,适当选择一些男生匹配多个女生;如果女少男多,也可以使用这种方法选择一些女生匹配多个男生。

(2)同性角色扮演。如果女生多于男生,则可选择一些女生跳男步与女生配对,当然跳男步的女生应选择那些相对高大的类型。男生多的时候实际上也能使用这种方法,但通常不推荐这样使用。

3. 学生水平不同时的分组

每名学生的运动水平和学习能力各有高低,如此形成了不同水平的体育舞蹈能力,此时就可以根据学生的不同水平进行分组,这样可以让他们在配合上更加顺畅,而这对他们学习积极性的提高也有好处。日常中根据学生水平进行分组的方式主要为安排水平相当的学生在一组,或是将水平一高一低的学生分在一组,形成高低搭配,充分发挥水平较高的学生的带动作用。

4. 教学场地受限时的分组

在学校中开展体育舞蹈教学的场地往往是学校的多功能训练场,这类场地日常的使用频率较高,所以在排课时经常会遇到两个班级在同一块场地上课的情况。为了应对这种情况,就需要分组进行完整组合的训练。

三、教学效果评价

为了完成总的教学目标,就要求每堂课的教学效果都达到一定的标准。这就需要对每堂课的教学效果进行评价,评价的结果也就成了维持教学优势、改进教学中遇到的问题或不足的依据。这里需要明确教学评价的对象是教学的主体,这个主体不只是学生,还包括教师。由此来看,教学评价就应该包含两个方面,即针对学生学习情况的评价和针对教师教学的评价。

对教学情况进行评价的方式有许多种,可将这些方式分为主观评价和客观评价两个基础大类。一般来说,客观评价的结果更具有说服力,但这也不代表主观评价就没有意义。

目前,对体育舞蹈课程教学进行的评价要以能回答出如下问题为要求。

(1)教师采用何种方法教学?

(2)学生采用何种方法学习?

(3)所选择的教学内容是否合理?

(4)所选择的教学方法是否得当?

(5)教学任务是否完成?

(6)通过学习,学生的技能与素质是否提升?情感、态度与价值观是否正确?

(7)学生在教学中的表现是否如教师预期?

教学评价更多是教师了解学生学习情况的"透视镜",同时也是完善自身教学能力的"提示器"。通过评价,教师可以发现学生在哪部分内容的学习中遇到了困难,更清晰地知晓教学内容重点与难点,并对此进行针对性的教学改进,进而为调整课程计划提供依据。如果能正确看待教学评价,并熟练根据教学评价改变教学方法,将会对教学任务的顺利完成和教学目标的高效达成大有裨益。

第三节 高校体育舞蹈课程教学的科学管理

一、体育舞蹈教学管理的概念

针对体育舞蹈教学开展的管理行为是一项全面性工作,是管理者或机构对体育舞蹈教学相关的人、财、物、信息和时间等方面进行的综合性管理行为。在对体育舞蹈教学进行的管理中,经常使用的管理手段有计划、组织、控制、监督和协调等。

体育舞蹈教学的管理,显然是一类系统性较强的工作,其中需要被管理的元素非常广泛。作为一项艺术属性较为突出的体育运动,体育舞蹈教学管理各个子系统与体育管理总目标应保持一致,并且要确保管理对系统中的各要素有协同性,具体表现为相互影响和相互制约,以求为体育舞蹈教学管理的总目标的实现带来积极作用。

体育舞蹈教学管理活动并不是一种一次性的工作,而是具有周期性的管理特征。一般来说,对体育舞蹈教学的管理分为三个阶段,即计划阶段、实施阶段和最后阶段。在计划阶段,主要是预测或分析教学中出现的一些问题,然后做出相应决策。在实施阶段,主要运用组织、指导、协调、监督等管理手段对教学过程进行管理,此阶段属于主体管理阶段。在最后阶段,主要是对管理进行对比、评价和总结,以获得宝贵的经验。这里需要说明的是,这三个阶段之间并不是相互脱离的,而是彼此存在着紧密的联系,彼此相互促进和支持的。

二、体育舞蹈教学管理的要素

体育舞蹈教学涉及诸多方面,这也对教学管理提出了更高要求。总的来说,相关管理工作应包含如下方面:

(一)体育舞蹈教学管理的主体

体育舞蹈教学管理的主体通常是在管理中拥有相关职能的人或组织,详细说就是负责学校体育舞蹈教学管理工作的机构,包括一线参与教学工作的教师。这类主体在教学管理活动中自然要处于主导的地位,其职责为对体育舞蹈教学的前、中、后所有过程的规划、实施、监督与评估。

管理者中存在一些级别和职责的差异,据此可以对其进行分类。例如,可以依据制定的体育教学管理办法建立管理机构,机构中的人员的综合素质决定了这个机构能否实施好管理职能。为此,对其中的管理者实施培训与提升是相当重要的。

(二)体育舞蹈教学管理的对象

管理行为的接受者,就是体育舞蹈教学管理的对象。不过需要强调的是,管理行为的接受者并不单单指学生或教师(人),除此之外还应包括财、物、时间、信息等对象。具体来说,体育舞蹈教学管理的不同对象包括:人,即与体育舞蹈教学活动相关的操作者和被教育者;财,即与体育舞蹈教学活动相关的教学经费;物,即与体育舞蹈教学活动相关的软硬件设施;时间,即与体育舞蹈教学活动相关的教学时间和进度;信息,即与体育舞蹈教学活动相关的学生的各项生理指标、运动成绩等在教学过程中及教学后产生的各方面信息。

(三)体育舞蹈教学管理的手段

体育舞蹈教学管理手段,是指为实现教学管理目标由管理者使用的各种手段与措施,包括体育舞蹈教学在内的所有体育教学管理的手段,主要有宣传教育手段、行政手段、法规手段、经济手段等。

管理行为的执行者始终是人,人也是教学管理中的核心要素,其在各个管理环节中都起着绝对作用。如此来看,在体育舞蹈教学管理中,人就是管理的核心,管理所管的,就是人,是学生。能否做好对学生的管理,直接决定了体育舞蹈教学管理目标能否实现。而要想实现这一目标,就需要多样化的手段来匹配管理。

三、体育舞蹈课堂教学管理

体育舞蹈课堂教学是学生学习体育舞蹈运动理论和技能，是培养学生对运动产生兴趣的重要方式，同时这还是提升学生身心健康发展的活动，是现代素质教育的重要抓手之一。因此，只有一个好的体育舞蹈课堂教学管理才能实现上述对人才的培养目标。

具体来看，体育舞蹈课堂教学管理的内容主要由备课、上课、课后、意外事故四个部分组成。

(一)备课管理

包括体育舞蹈教学的教师在内，所有教师在上课前都要进行认真细致的备课工作，备课对于教师来说是职业基本功之一。而对体育舞蹈教师来说，他们的备课要涉及更多的内容。为此，教学监管者就要适时对体育舞蹈教师在备课环节提出工作要求，如编写出详细的教案，以确定他们是否为上好每一堂课做好了必要的准备。为更严格地促进教师做好备课工作，一些学校还会组织教师参加教案评比活动，或将个人备课改变为集体备课的形式来帮助教师提高备课水平及对这项工作的重视程度。

体育舞蹈教师的备课应在教学大纲和教学进度的框架中，力求精练、准确、详尽、可操作。备课中还要关注大多数学生的体育基础、体育骨干数量等实际情况，甚至还要注意场地和设备的需求。上述内容都是在备课中不应忽视的细节，只有对这些问题给予充分考虑，对一些注意点记录在案，才算作是一次高质量的备课。

(二)上课管理

上课管理是体育舞蹈课堂教学管理的主要部分。对课堂进行的管理主要有两大方面的内容，一个是学校管理者采取听课等手段对体育舞蹈课堂的情况提出一些改进性的要求，或是为提升教学质量而满足软硬件条件上的需求；另一个是体育舞蹈教师所把控的课堂教学的质量。体育舞蹈教师开展的课堂相关管理工作的内容有确立课堂规范、在教学需要的情况下对学生进行合理分组、合理利用场地、科学调配学生的运动负荷、确定安全保障与应急处理手段等。

(三)课后管理

体育舞蹈教师在课后所要做的管理工作主要有三项。第一个是组织学生回收器材、整理场地(或清洁场地);第二个是教师总结本次课程的内容,并且允许学生参与讨论;第三个是布置课后作业以及简要介绍下次课所学内容,让学生在下次上课前对即将学习的内容有一个心理准备。

(四)意外事故管理

鉴于体育运动的风险性特征,不论是哪种体育运动的教学活动都不可避免地会出现一些意外事故。国家和教育部门非常重视体育教学的安全问题,为此出台了一系列对体育教学软硬件的相关规范和标准,并且涉及对教师处理意外事故的能力要求,从而使体育教学安全事故得到最大化避免。

尽管体育舞蹈属于艺术类体育运动,教学过程中没有太多的对抗元素,但其作为一项技巧性较强的运动项目,难免会因为学生对动作掌握的不娴熟等原因出现一些运动性伤病情况。为此,学校需要建立健全各项事关教学安全的及保护学生的规章制度,健全安全保障和应急处理措施,在建设场地和器材使用上也要严格按照安全标准来行事。

体育舞蹈教师是一线教学者,意外事故往往发生在他们身边,此时,教师就成了第一事故处理者。为了做好应急处理工作,需要做到如下两点基本要求:

第一,对于伤病情况较轻的学生应尽快送至医务室接受检查或治疗。如果伤者情况严重,则应立即送至医院接受治疗。

第二,若发生了重大事故,在通知学校领导层后还要通知学生家长。教师要尽量详细地记住事故发生的前后情况,以便在接受问询时能提供有效的信息。

第六章　健身健美操教学设计

第一节　健身健美操理论分析

一、健身健美操的概念与分类

(一)健身健美操的概念

健身健美操也称"大众健美操",是一种任何年龄段都可以学习的集健身、娱乐、防病为一体的普及性健身运动。健身健美操的主要目的是健身,力求通过掌握健身练习的基本方法,在欢快轻松的运动过程中陶冶情操、锻炼身体增强体质,促进身心全面发展。健身健美操最主要的运动功能和价值就是健身,在学校基础性健美操课程教学和健身房、俱乐部等的健身课程教学中,健身健美操都是主要课程教学内容。

健身健美操的动作简单,实用性强,音乐可控,而且对于运动者来说,健身健美操的动作多为不同类型的基本健美操动作的组合,动作多有重复,运动者可以结合自身情况进行动作的灵活搭配,并且能保证一定的运动负荷和锻炼的全面性。这就使得整个健身健美操的参与过程可根据个人情况而及时变化,健身过程安全可控又具有针对性,能满足运动者的实际健身需要。

伴随科学技术的进步、社会的发展与人们生活水平的不断提升,使得人们的生活方式也出现了很大的改变。作为一种时尚的新兴体育运动项目,健身健美操将舞蹈与音乐汇集在一体,通过健身健美操锻炼,人们的身心得到放松,在娱乐的氛围中健康得到增进,因此,健身健美操运动深受人们的喜爱。

健身健美操运动的吸收能力是非常强大的,这也促进了健美操运动同其他健身操与舞蹈形式的有机结合以及各种各样类型健身健美操的产生。例如,健身健美操和搏击、瑜伽、街舞与拉丁之间的互相结合,促进了搏击健美操、瑜伽健美操、街舞健美操与拉丁健美操的产生。而上述这些风格迥异的健美操能够使不同健身者的不同需求得到满足,对于男孩而言,更加喜欢搏击健美操与街舞健美操,而对于女孩而言,则更加钟爱瑜伽健美操与拉丁健美操。如果想要在众多的体育运动项目中脱颖而出并获得人们的喜爱,那么健身健美操就需要不断进行发展与创新,只有这样才能够使人们的多样化需求得到满足。

(二)健身健美操的分类

健身健美操是最早和最基础的健美操运动形式,其内容丰富,按照任务与目的,可以将健美操运动运动划分为两个种类,以健身为主要目的健美操是健身健美操,而以比赛为主要目的的竞技性健美操为竞技健美操。

1. 健身健美操

所谓的健身健美操,顾名思义,主要以健身为主,练习目的在于使练习者的身体得到不同程度的锻炼,进而使自身健康得以保持。健身健美操的练习动作相对更注重实用性,操作起来比较简单,所使用的背景音乐也是速度相对缓慢的。健美操的练习动作出现时通常会是对称的形式,重复的动作较多,这样才能够对锻炼的全面性与一定的运动负荷做出保证。在练习健身健美操的过程中,对时间的长短并没有特殊的要求,只需要保证练习过程的安全,灵活地进行练习,进而使身体得到锻炼即可。

根据练习方式的不同,健身健美操可以做出三个种类的划分,即徒手健身健美操、轻器械健身健美操、特殊场地健身健美操。

2. 竞技健美操

竞技健美操的产生来源于健身健美操,并且在此基础上得以发展。现阶段关于竞技健美操的定义,国际上比较认可的是:"竞技健美操运动主要源自传统的有氧健身舞,通常是在相关的音乐背景下,对复杂的、连续的、强度高的动作进行完成的体育运动项目。"

竞技健美操的主要目的是比赛,其表现形式主要以成套动作为主。一般来讲,竞技健美操主要包含五种比赛项目形式,即男子单人竞技健美操比赛、女子单人竞技健美操比赛、混合双人竞技健美操比赛、三人竞技健美操比赛、六人竞技健美操比赛。因此,在竞赛的人数、场地,成套动作的完成质量、时间以及难度动作完成的数量等多个方面,竞技健美操都作出了相关的严格规定。

二、健身健美操的特点

(一)健身性

健身健美操是专门为满足人的健身需求应运而生的体育运动项目,健身健美操是一项全身性的体育运动,它强调全面发展身体,专门针对人体健身设计,通过参与健身健美操学练,能使运动者的头部、躯干、上下肢及身体各关节都得到锻炼。

就健身健美操的动作来说,健身健美操的动作及其组合、套路的学练以有氧运动为主,通过完成这些健美操动作,运动者的机体能够充分利用氧气来燃烧体内的糖原,特别是通过燃烧脂肪为肌体提供能量,从而加快实现体内的新陈代谢,建立人体更高的机能水平,使心血管系统能更有效、更快速地输送血氧。长期坚持练习健美操,能有效提高人体心血管系统、呼吸系统以及运动系统的功能,使运动者的心脏更健康、更发达,进而达到增进生理健康的目的。

需要特别指出的是,健身健美操的健身特点还兼具健身实效性。具体来说,健身健美操动作方便易学,运动健身的时间、运动量、运动强度等都可控,各种类型的人群都非常适合进行学练,且健身实效性好。

此外,健身健美操运动锻炼过程中,健身音乐环境、群体健身环境轻松愉悦,有助于放松身心。

(二)健美性

健身健美操动作优美,能提高运动者的审美,并有助于促进运动者的不良体姿和身体形态的纠正,使身体保持良好的审美形态。

此外,健身健美操练习还具有良好的塑造形体的效果,长期学练,可使运动者消除体内的多余脂肪,也能使瘦弱的人骨骼粗壮,肌纤维增粗,使身体更加匀称、健美。

(三)娱乐性

娱乐性是健美操运动的一个重要特点,在健身健美操运动中表现得十分明显。具体来说,健身健美操运动的音乐选配,与竞技健美操运动相比,要更加欢快,在轻松愉快的健身健美操的音乐伴奏下进行的练习,动作优美,具有良好的娱乐性。通过健身健美操的学练,能使运动者在健身的同时放松身心。

健身健美操的娱乐性还表现在其不仅可以作为一种健身形式,也可以作为一种活动融入运动者的日常生活中。例如,对于健美操运动爱好者来说,即便是不进行系统的健身健美操学练,也可以在业余时间选择一些包含较多的伸展性动作的健身健美操动作来活动、放松身心,还可以和同学、朋友等边聊天边练习,是一种集锻炼与休闲为一体的健身娱乐方式。

(四)艺术性

健身健美操具有美的艺术特性,正是这种健与美结合的艺术形式,使得健身健美操深受欢迎。

首先,从表现形式上看,健身健美操学练过程中,运动者在节奏鲜明的音乐伴奏下,时而舒展肢体,时而扭动腰胯,可以充分展示健美的体魄,表现高超的技术,舞动流畅的韵律,显露充沛的体力。

其次,从表现内容上看,无论是健身健美操的动作,还是健身健美操的音乐,都具有一定的美的要求,不符合审美的健身健美操动作和音乐的健身健美操的创编,必然是失败的。健身健美操的动作、音乐及其之间的配合都具有一定的审美和艺术性要求,不能随意组合搭配。

(五)节奏性

健美操运动的相关动作具备较强的节奏性特征,同时这一特征会在音乐的伴奏下展现出来,所以说,健美操运动中音乐所扮演的角色是不可替代的,健美操运动中的音乐具有优美的旋律、强劲有力的节奏,能够对气氛进行烘托,对人们的情绪进行激发,健美操运动的音乐通常来源于爵士、迪斯科和摇滚等现代音乐,还会取材于具备上述特征的民间音乐,这些取材的音乐高低、长短、强弱、快慢节奏分明,使健美操富有鲜明的韵律感。

(六)力量性与多变性

健美操运动所彰显的是一种弹力、力量与活力的结合。健美操动作具备较强的力量性,无论是延续的肌肉力量,短促的肌肉力量,或者是短瞬所展现出的控制力量都具有强劲的力度感。同体操的力量性相比较,健美操运动少了呆板、机械,趋于自由、自然;与舞蹈之间相比,不再有柔软和柔情,而是更加有力、欢快,它能在体坛活跃主要是由于其自身所特有的力量型运动风格,对人体美的神韵、矫健的风采与力量的坚韧进行了充分的展现。

另外,健美操成套的动作组合具有多变性与灵活性的主要特点,迅速变化的身体动作与不断变换的步伐都彰显出全身的生命活力。

(七)普及性

健身健美操具有良好的普及性,这个特点是由健身健美操的健身、健美、娱乐、艺术性特点共同决定的。

健身健美操的广泛普及性不仅体现在学校健美操课程中对不同年龄、性别的学生的适应,还表现在对整个社会大众群体的广泛适应。

在健身健美操学练过程中,运动者参与健身健美操锻炼既不受场地、环境、气候等条件的限制,也不受年龄层次、性别、身体素质、体育基础水平等的限制。可以说,无论男女老少,都可参与健身健美操运动锻炼,无论何人,都能从健美操练习中找到适合自己的内容和方法,都能从健美操练习中得到乐趣,有所收益。

(八)安全性

健身健美操的安全性主要体现在以下两个方面。

就健身健美操动作来说,健身健美操强调动作的随意、自然,对于初学者来说,非常容易学习和掌握,而且在技术动作难度上也不会有太难、动作幅度太大的技术动作,是十分安全的一种有氧运动。

从运动负荷的角度来看,健身健美操最复杂的成套的动作练习几十分钟可以完成。而且在日常健身过程中,健身健美操可以分节进行练习,练习的间隙可以穿插积极性休息、游戏等,运动量和运动强度均可调节。健身健美操的动作学练负荷适合一般人的体质,甚至体质较弱的人都能承受,而且运动负荷还能进一步地灵活、针对性地调节,能最大程度地在运动负荷强度和量上都能确保运动安全。

第二节　健身健美操基本动作教学

健身健美操基本动作教学是初学者必须首先学习和掌握的教学内容,通过对健美操各部位身体动作的练习,可以培养学生正确的健美操基本动作定型,为健美操组合动作的学练奠定动作、体能和身体协调性基础。

一、健身健美操基本手型

健身健美操的基本手型动作主要有如下几种。

第一,合掌。五指并拢伸直。

第二,分掌。五指分开,手腕紧张。

第三,拳。五指紧握,大拇指压握食指。

第四,推掌。手掌上翘,五指弯曲。

第五,西班牙舞手势。拇指内扣,小指、无名指、中指自掌指关节处依次弯曲。

第六,芭蕾手势。拇指内扣,后三指并拢。

第七,一指式。握拳,食指或拇指伸直。

第八,响指。拇指与中指摩擦,与食指打响。

二、健身健美操头颈部动作

健身健美操的头颈部动作主要是配合运动者的其他动作进行的,由于人体的头颈部活动范围较小,因此相应的健美操动作变化不多,主要有以下三种。

第一,屈:身体正直,头部向前、后、左、右四个方向分别做颈部关节弯曲的运动,动作表现为颈前屈、颈后屈、颈左侧屈、颈右侧屈。

第二,转:头正直,下颌平稳左右转动 90°。

第三,环绕:头正直,头颈部沿身体垂直轴向左、右转动 360°或沿身体垂直轴向左或右环绕。

三、健身健美操的肢体动作

(一)上放动作

1. 举

两脚开立、上体正直、以肩为轴,手臂向各个方向移动并固定,动作表现为前举、后举、侧举、侧上举、侧下举、上举等。两脚开立、上体正直,肘关节由曲到直或由直到曲,如胸前平屈、肩侧屈、肩侧上屈、肩侧下屈、胸前上屈、头后屈。

2. 绕、绕环

两脚开立、上体正直,两臂或单臂以肩为轴弧线向内、外、前、后绕或绕环。

(二)下肢动作

1. 无冲击动作

(1)半蹲

①动作描述:两腿左右分开站立,与肩同宽或比肩稍宽,脚尖稍外开,两腿同时屈伸。

②注意要点:身体重心放在两腿之间,屈膝时,膝关节朝着脚尖的方向,同时膝关节不能超过脚尖,下蹲时身体前倾。

③动作变化:并腿半蹲、迈步半蹲、迈步转体半蹲。

(2)弓步

①动作描述:动作一:两腿前后开立,两脚距离与髋同宽,脚尖朝前,两腿同时屈伸。动作二:一腿屈膝,另一腿伸直。

②注意要点:身体重心在两腿之间,前腿膝关节弯曲不能超过90°,膝关节不能超过脚尖。

③动作变化:原地前后弓、原地左右弓步、转体弓步。

2. 低冲击动作

低冲击动作是指在做动作时一脚着地,另一脚离地的动作。低冲击动作是目前健身性健美操编排运用最多的动作类型。

(1)踏步

①动作描述:两腿依次抬起,依次落地。

②注意要点:下落时,注意膝、踝关节有弹性的缓冲。

③动作变化:踏步转体、踏步分腿、踏步并腿、弹动踏步。

(2)走步

①动作描述:迈步移动。向前走时,脚跟先落地,过渡到全脚掌,向后走时则相反。

②注意要点:落地时,注意膝、踝关节有弹性的缓冲,上体可以有节奏地协调摆动。

③动作变化:向前向后走步、向侧前和侧后走步、向左右转体或弧线走步。

(3)一字步

①动作描述:以左脚起步为例。左脚向正前方迈一步,右脚并向左脚,然后左脚向后一步,右脚并向左脚。

②注意要点:偶数拍都有并步,落地时,注意膝、踝关节有弹性的缓冲。

③动作变化:向前向后的一字步、转体的一字步。

(4)V字步

①动作描述:以左脚起步为例。左脚向左前方迈步,右脚随之向右前方迈步,两脚开立,形成V字轨迹,然后左右脚依次还原。

②注意要点:开立时两脚距离大于肩宽,中心在两腿之间,屈膝时膝关节朝着脚尖方向。

③动作变化:倒 V 字步、转体 V 字步、跳的 V 字步。

(5)漫步

①动作描述:以左脚起步为例。左脚向前迈步,同时重心随之前移,接着右脚稍抬起,然后落下,重心随之后移,左脚随之后迈向右脚之后。

②注意要点:重心的前后移动,动作有弹性。

③动作的变化:转体的漫步,跳的漫步。

(6)屈腿

①动作描述:以左脚为例。左脚向侧迈一步,同时膝盖微屈,重心移至左脚上,随后右脚抬离地面,屈膝,然后再做反方向动作。

②注意要点:屈膝时膝关节朝着脚尖方向,主力腿始终保持有弹性地屈伸,后屈腿脚跟朝着臀部,脚尖绷直。

③动作变化:原地后屈腿、前后移动后屈腿、转体后屈腿。

(7)并步

①动作描述:以左脚起步为例。左脚向侧迈步,同时重心左移,两腿屈膝向下,右腿并向左腿。

②注意要点:膝、踝关节的弹动缓冲,重心平稳过渡。

③动作变化:左右的并步、前后的并步、向两侧的并步、转体的并步。

(8)迈步移重心

①动作描述:以左脚起步为例。左脚向左侧迈出一步,落地时双腿屈膝,随之重心下降并移至左腿,然后重心上移,膝盖伸直,右脚点地,然后再做反方向的动作。

②注意动作:下蹲屈膝时膝关节朝着脚尖方向,重心上下、左右移动明显。

③动作变化:左右移重心、前后移重心、转体移重心。

(9)交叉步

①动作描述:以左脚起步为例。左脚向左侧迈步,同时重心左移,接着右脚交叉于左脚之后,然后左脚再向侧移动,重心再向左移,最后右脚

并于左脚。

②注意要点:重心要及时移动,膝、踝关节有弹动的缓冲。

③动作变化:左右的交叉步、转体的交叉步。

(10)吸腿

①动作描述:一腿屈膝抬起,另一腿屈膝弹动缓冲。

②注意要点:上体保持正直,大腿抬起与地面平行,小腿自然下垂,绷脚尖。

③动作变化:向前吸腿、向侧吸腿、向侧前吸腿、转体的吸腿、迈步吸腿、上步吸腿。

(11)摆腿

①动作描述:一腿站立,另一腿自然摆动,然后还原成并步。

②注意要点:保持上体正直。主力腿注意屈膝缓冲,摆动腿抬起时幅度不要过大且要有控制。

③动作变化:向前摆腿、向侧摆腿。

(12)踢腿

①动作描述:一腿站立,另一腿加速向上摆动。

②注意要点:保持上体正直。主力腿脚跟不能离地,膝关节微屈缓冲。踢腿的幅度因人而异,避免受伤。

③动作变化:向前提、向侧踢、向后踢、移动中踢腿。

(三)高冲击动作

高冲击动作是指在做动作时,双脚都离地的动作,即为平常所说的跳类动作。

1. 跑

①动作描述:两脚依次经过腾空后,一脚落地缓冲,另一脚小腿后屈,双臂配合下肢前后摆动。

②注意要点:膝、踝关节有弹动的缓冲,落地时由前脚掌过渡到全脚掌。

③动作变化:原地跑、向前跑、向后跑、弧线跑、转体跑。

2. 双脚跳

①动作描述:双脚并拢有弹性地向上跳起,双臂随身体协调摆动。

②注意要点:腾空时,双脚并拢,膝盖伸直,落地时屈膝缓冲,由前脚掌过渡到全脚掌。

③动作变化:原地并腿跳、向前并腿跳、左右并腿跳、转体并腿跳。

3. 开合跳

①动作描述:并腿向上跳起,左右分腿姿势落地、接着再向上跳起,并腿落地。

②注意要点:落地时,膝关节有弹性的缓冲,分腿落地时屈膝且朝着脚尖方向。

③动作变化:原地开合跳、转体开合跳。

4. 并步跳

①动作描述:以左脚起步为例。左脚迈出,随之蹬地跳起,右脚并左脚,并腿落地。

②注意要点:身体重心随身体迅速移动,落地时注意缓冲。

③动作变化:向前并步跳、向后并步跳、向侧并步跳。

5. 单脚跳

①动作描述:一脚跳跃时,另一脚离地。

②注意要点:跳跃落地时注意屈膝弹动。

③动作变化:原地单脚跳、移动单脚跳、转体单脚跳。

6. 弹踢腿跳

①动作描述:双腿起跳,单腿落地,另一腿小腿后撩,然后小腿前踢伸直。

②注意要点:无双脚落地的过程,弹踢腿脚尖伸直。

③动作变化:向前弹踢腿跳、向侧弹踢腿、转体的弹踢腿跳、移动弹踢腿跳。

7. 点跳

①动作描述:以左脚起步为例。右脚蹬地跳起,同时左脚向侧迈步落地,随之右脚并左脚点地,随后反方向做一次,动作相同,方向相反。

②注意要点:两脚轻松蹬地,身体重心随之平稳移动,注意膝踝的弹动。

③动作变化:原地点跳、向前点跳、向侧点跳、向后点跳、转体点跳。

四、健身健美操的躯干动作

(一)肩部动作

1. 提肩
两脚开立、上体正直,肩部沿身体垂直轴尽量上提。

2. 沉肩
两脚开立、上体正直,肩部(双肩)沿身体垂直轴向下沉落。

3. 绕肩
自然开立、上体正直,肩部(单肩或双肩)沿身体前、后、上、下四个方向绕动。

(二)胸部动作

1. 含胸、挺胸
含胸时,低头、收腹、收肩,身体放松但不松懈,形成背弓;挺胸时,抬头、挺胸、展肩,身体紧张但不僵硬。

2. 移胸
髋部固定,以腰腹发力,带动并跟随胸部左右移动。

(三)腰部动作

1. 屈
两脚开立、腰部伸展,向前或向侧做拉伸运动,如前屈、后屈、侧屈。

2. 转
两脚开立,身体保持紧张,结合迈步移动重心,腰部带动身体沿垂直轴左右转动。

3. 绕和环绕
两脚开立,与手臂动作相结合,腰部做弧线或圆周运动。

(四)髋部动作

1. 顶髋

两腿开立,一腿伸直支撑、另一腿屈膝内扣,上体正直、双手叉腰,向前后左右方向顶髋。

2. 提髋

两脚开立、体侧曲臂,半握拳,向左、右上提髋。

3. 绕和环绕

两脚开立、双手叉腰,髋向左、右方向做弧线或圆周运动。

健身健美操的基本动作教学过程中,教师应注意学生对基本健身健美操动作的正确掌握,使学生建立正确的健身健美操基本动作定型是教学的主要任务和教学重点。

第三节　健身健美操套路教学

套路教学是健身健美操课程教学的教学重点和难点,通过使学生掌握健身健美操套路,能为学生在课余参与健身健美操学练奠定一定的学练基础,并有助于学生的健身健美操学练的系统化。

一、健身健美操套路教学内容

对于健身健美操的套路内容和表现形式来说,教师既可以选取教学大纲规范下的健美操教材中的健身健美操套路,也可以结合自己和学生、学校实际进行健身健美操的自主创编,再组织学生进行系统学练。

这里重点列举一套健身健美操套路,具体教学内容如下。

(一)第一小节

1. 第一个8拍

预备姿势:站立。

第1拍:右臂侧举,右脚十字步。

第2拍:左臂侧举,下肢不动。

第3拍:双臂上举,两脚前后立。

第 4 拍:双臂下举,两脚开立。

第 5~8 拍:屈臂自然摆动,7~8 拍手臂动作同 5~6 拍动作,并向后走四步。

2. 第二个 8 拍

动作同第一个 8 拍,但向前走 4 步。

3. 第三个 8 拍

第 1~6 拍:手臂动作 1~2 拍右手前举,第 3 拍双手叉腰,4~5 拍左手前举,第 6 拍双手胸前交叉;下肢动作为 1~6 拍从右脚开始 6 拍漫步。

第 7~8 拍:双臂侧后下举;右脚向后 1/2 漫步。

4. 第四个 8 拍

第 1~2 拍:拍屈右臂自然摆动;右脚向右并步跳。

第 3~8 拍:手臂动作 3~4 拍前平举弹动 2 次,5~6 拍侧平举,7~8 拍后斜下举;下肢动作为 3~8 拍从左脚开始,向右前方做前、侧、后 6 拍漫步。

第五至八个 8 拍,动作同前四个 8 拍,但方向相反。

(二)第二小节

1. 第一个 8 拍

第 1~2 拍:右臂侧上举,左臂侧平举;右脚向右侧滑步。

第 3~4 拍:双臂屈臂后摆;1/2 后漫步。

第 5~6 拍:头前上击掌 3 次;左脚向前方做并步。

第 7~8 拍:双手叉腰,右脚向右后做并步。

2. 第二个 8 拍

第 1~2 拍:击掌 3 次;左脚向左后方并步。

第 3~4 拍:双手叉腰;右脚向右后做并步。

第 5~6 拍:左臂侧上举;左脚向前左侧滑步。

第 7~8 拍:双臂屈臂后摆;1/2 后漫步。

3. 第三个 8 拍

第 1~4 拍:双臂向前冲拳、向后下冲拳 2 次;右转 90°,右脚上步吸腿 2 次。

第5~8拍:双臂由右向左水平摆动;左脚V字步左转90°。

4.第四个8拍

第1~2拍:手臂动作为第1拍双臂胸前平屈,第2拍左臂上举;下肢动作为左腿吸腿(侧点地)1次。

第3~4拍:手臂动作为3拍,第1拍同第3拍,第4拍还原;下肢动作为左腿吸腿(侧点地)1次。

第5~8拍:同1~4拍动作,但方向相反。

第五至八个8拍,动作同前四个8拍,但方向相反。

(三)第三小节

1.第一个8拍

第1~4拍:双臂上举,下拉;1~3拍右脚侧并步跳,第4拍时右转90°。

第5~8拍:手臂动作为5~7拍双臂屈臂前后摆动,8拍时,上体向左扭转90°,双臂侧下举;下肢动作为左脚侧交叉步。

2.第二个8拍

第1~4拍:双臂上举、下拉;双腿向右侧并跳步,第4拍时左转90°。

第5~6拍:右臂前下举;左脚开始侧并步1次。

第7~8拍:左臂前下举;左脚开始侧并步1次。

3.第三个8拍

第1~4拍:手臂动作第1拍双臂肩上屈,第2拍两臂下举,3~4拍双臂肩前屈;下肢动作左脚向前一字步。

第5~6拍:双臂上举,掌心朝前;向左分并腿1次。

第7~8拍:双手放膝上;向右分并腿1次。

4.第四个8拍

第1~4拍:手臂动作1~2拍手侧下举,3~4拍胸前交叉;下肢动作为左脚向后一字步。

第5~8拍:双臂经胸前交叉侧上举1次,侧下举1次;下肢动作为左、右依次分并腿2次。

第五至八个8拍,动作同前四个8拍,但方向相反。

(四)第四小节

1.第一个 8 拍

第 1~2 拍：右臂体侧内绕环，右脚开始小马跳 1 次，向侧向前呈梯形。

第 3~4 拍：左臂体侧内绕环，右脚开始小马跳 1 次，向侧向前呈梯形。

第 5~8 拍：同 1~4 拍动作。

2.第二个 8 拍

第 1~4 拍：拍屈臂自然摆动；右脚开始弧形跑 4 步，右转 270°。

第 5~8 拍：手臂动作为 5~6 拍双手放腿上，7 拍击掌，8 拍放于体侧；下肢动作为开合跳 1 次。

3.第三个 8 拍

第 1 拍：双臂胸前交叉；右脚向右前上步。

第 2 拍：右臂侧举、左臂上举；右脚上步后屈腿。

第 3 拍：双臂胸前交叉；右脚向右前上步。

第 4 拍：双手叉腰；两脚并立，八字脚。

第 5~8 拍：手臂动作同 1~4 拍；下肢动作为左脚向前上步后屈腿、腿还原、八字脚。

4.第四个 8 拍

第 1~2 拍：第 1 拍右手左前下举，第 2 拍双手叉腰；下肢动作为右侧点地 1 次。

第 3~4 拍：第 3 拍左手右前下举，第 4 拍双手叉腰；下肢动作为左侧点地 1 次。

第 5~8 拍：手臂动作为第 5 拍双臂胸前平屈，第 6 拍前推，第 7 拍同第 5 拍动作，第 8 拍同侧下垂；下肢动作为右脚上步向前转脚跟、还原。

第五至八个 8 拍，动作同前四个 8 拍，但方向相反。

二、健身健美操套路教学要点

在健身健美操课程的套路教学中，教师的教学设计应在教学开始之前,应明确教学活动中"教什么""如何教"的问题,健身健美操的套路教学必须建立在教学的科学生理学原理、心理学原理等教学原理基础之上,尤其是教师自编的健身健美操的套路教学,更应该充分考虑创编是否科学。

此外,健身健美操套路教学过程中,对于相应的健身健美操套路的选择,应充分考虑学生的特点。具体来说,健美操套路的动作学练难易程度应符合学生的身体和心理发展的特点,套路教学的教学活动内容设计应充分考虑学生的性别、年龄阶段、体能基础、运动能力等基本特征。

第七章 竞技健美操教学设计

第一节 竞技健美操理论分析

一、竞技健美操的概念

竞技健美操就是在音乐伴奏下反映连续、复杂、高难度成套动作能力的运动项目。

二、竞技健美操技术发展的影响因素

(一)技术交流信息

以运动训练的项群理论为理论基础,竞技健美操在难美项群的范畴,运动员掌握信息技术的实际情况对竞技健美操运动主要技术的发展有决定性影响。由竞技健美操运动国际最高的技术权威机构——竞技健美操技术委员会对项目本身的技术问题经过充分调查、研究、比较、分析和理解之后颁布本项目的赛事评分规则。在此基础上由各个会员国基于对规则文字的认识为参与赛事作相关准备,哪个会员国对规则的理解程度和技术委员会领导下的裁判委员会相关认识存在的差异小,同时可以精准掌握参赛套路的创编要点和训练要点,则哪个会员国获胜的可能性就会大一些。

要想最精准地认识和掌握竞技健美操的技术实践,仅凭借对文字层面的理解、猜测以及判断是不可行的,唯一有效的途径就是技术实践,而这也恰恰是影响我国竞技健美操运动技术水平持续上升的关键性因素。由此可见,提高我国健美操运动技术水平的基础性条件是强化我国健美操运动和世界各国健美操运动、我国中心城市健美操运动和各地方城市健美操运动在技术层面上的沟通。自我国竞技健美操和国际接轨以来，踊跃参与国际体联组织的各类健美操活动，同时定期外聘国外专家来华讲学，尤其是积极和世界各国拥有较大话语权的教练员、裁判员以及运动员进行交流与沟通，这大幅缩短了我国了解世界健美操运动最新发展动态的时间。

(二)专业人才的综合素质

就现阶段来看，世界范围内的竞技健美操专业技术人才正朝着多元一体化方向持续发展着，包括技术委员、裁判员、运动员在内的多人的工作内容集中在一人身上。因此，我国竞技健美操专业技术人才应自觉提高以下几方面的素质。

1.不断积累基础理论学科的知识

竞技健美操专业人才要想在专业领域居前列，仅凭以往的运动员生涯或者接触其他运动项目的经历和经验是远远不够的。作为一名竞技健美操专业技术人才，就必须基于具体技术现象并立足于多个学科展开理论层面的剖析和研究，完成具体行为计划的修订工作后对技术实践产生指导性作用。具体来说，对竞技健美操技术实践有指导性作用的基础理论学科分别是人类学、行为学、心理学等。

2.立足于多个视角认识和剖析规则

竞技健美操技术水平领先国家的参赛动作，可以站在裁判员、教练员以及运动员的视角精准剖析和掌握规则中的技术要点，科学高效地审核并修改创编完成的成套动作，促使成套动作的技术价值和智能水平得到大幅度提升。

3.提高英语水平和使用电脑的水平

综合分析世界各国高水平竞技健美操教练员会发现，绝大多数教练员都具备独立用英语交流和高效使用电脑软件完成音乐制作的能力，而这也恰恰是我国竞技健美操教练员普遍欠缺的专业能力。教练员英语沟通能力和使用计算机的能力对其工作效率和工作质量的提升至关重要。

三、竞技健美操发展趋势

(一)各项技术"难、新、美、稳"

在未来较长时间内,竞技健美操运动依旧会沿着"难、新、美、稳"的发展方向不断前进。对于技能类难美项群运动而言,最显著的发展特征就是"难、新、美、稳",其中"难""新"和"稳"都致力于为"美"提供服务。竞技健美操是艺术层面要求和创新层面要求都很高的运动项目,发展过程中不仅要使原有的"健、力、美、稳"得以保留,也要慢慢实现和其他难美项群的同步。

(二)难度动作向艺术性和安全性方向发展

区分杂技与其他难美项群项目的一项重要标志就是竞技健美操运动的难度动作。国际竞技健美操竞赛规则对竞技健美操难度动作具体数量进行了严格限制,如此不仅能为运动员自身安全提供保障,也有助于使难度动作的艺术性特征更加显著。与此同时,国际竞技健美操竞赛规则将难度动作的连接加分纳入其中,但针对运动员完成难度动作提出的要求并未下降。处于连接状态的难度动作不只能把技能类难美项群的动作特征反映得淋漓尽致,更使竞技健美操艺术价值得到了大幅度提升,基于此竞技健美操运动员必须达到更高要求。

(三)成套动作的艺术性特点日益明显

竞技体育中难美项群的一个显著特性就是艺术性,而竞技健美操恰恰是凭借自身特殊的艺术表现形式逐步占据了竞技体育领域中的一席之地。历史性地剖析国际健美操评分规则会得出,艺术性一直以来都是健美操规则中的一项重要评分因素,同时充当着判定健美操运动员技术水平的重要标准。

竞技健美操艺术性特征着重反映在成套动作的多样性、连接动作的流畅性、场地空间的多变性、音乐风格的感染力、运动员的表现力、集体项目中同伴间配合等多个方面。竞技健美操成套动作中的艺术水平对由此获得的裁判员认可程度、比赛成绩、观众喜爱程度都有重要影响。

(四)技术细节对运动成绩的影响日益增大

在科学技术普及速度持续加快,科学选材要点、高效训练手段以及先进训练设备持续推广的大背景下,竞技健美操运动员在竞技能力上日益接近,基于此技术细节就演变成运动员制胜的重中之重。

(五)个性化要求和观赏性要求被置于重要位置

竞技健美操的表演性特征十分显著,运动员最终确定的音乐制作、动作设计、表演、服装设计,不仅对整套操的风格有重要影响,也会影响观众和裁判员的印象深度,还会对比赛输赢有决定性影响。对于21世纪的世界健美操运动来说,一定会向艺术化、个性化、风格化的方向持续发展,同时欣赏价值与观赏性特征也会更加显著。

四、竞技健美操技术创新理论的要求

无论竞技体操、艺术体操还是健美操,创新都是推动其发展的动力。在比赛中除了娴熟高超的技术动作以及出色完美的艺术表现外,关键在于创新。无论是操化、难度、托举配合还是过渡连接,都需要创新。创新的核心在于创新思维,指在思考过程中参与直接或间接的方式起到开拓和突破作用的一种思维。

(一)开放性

开放性思维就是要鼓励敢于突破思维定势,避免落入俗套,挑战潮流的改革精神。因此,就要多角度出发考虑问题。竞技健美操集体项目常规的托举动作习惯在原地进行,且托举与配合分开进行,如果打破常规,将托举与配合结合在一起,并加入流动性,如有身体接触的"抛""接"或利用运动员自己的跳跃上托举。例如,6人操可采用一组从高空间直接到低空间,而另一组由低空间至高空间起伏跌宕的空间变化,则会给视觉效果添彩。

(二)突发性

突发性是创新性思维的一大特点,创新思维的进程不会连续不断,而是间断性的,往往会在某个特定时间间断,在某个不确定的时间段又突然降临,这种现象并不是偶然,而是量变引起质变的飞跃,是知觉与灵感的迸发。创新的前提要在生活中有善于发现和善于思考的精神。竞技健美操成套的编排不是一气呵成的,需要反复思考,从音乐的选择、剪辑,到每一个操化动作的创编都需要耗费很大的精力,因此如果教练员、运动员在日常听音乐、欣赏节目的时候带着对健美操的热爱,习惯性地去思考,一定会创造出与众不同的成套健美操。例如,拉丁舞中有很多双人的配合动作,如果将其引入混双的配合中,也许会给人耳目一新的感觉。又如欣赏舞蹈、音乐剧等舞蹈,将其经典动作引入竞技健美操的操化中,也会给人独特的视觉体验。

(三)综合性

综合性指思维运用的综合性,即在创新的思维中把前人的经验、所学到的知识综合利用。需要将大量的概念、事实、材料综合起来加以整理、概括,形成科学的概念和系统。也要辩证地分析,把握材料中的个性特点总结出规律以更好地利用。因此,创新思维又是逻辑思维和非逻辑思维的有机结合产物。一套完美的成套健美操需要音乐、审美、逻辑学、运动员的竞技能力作支撑,需要有效地将它们综合在一起。

(四)效用性

效用性即思维成果的有效性,要求创新性思维的成果不但具有新颖性和独创性,更要有很强的建设性和效用性,既要打破传统的思维惯性去发现新的理念,又要反复经过实践的检验创造出解决问题的新的方法与思路。

第二节 竞技健美操基本动作教学

一、基本轴控制教学

(一)站立控制

1. 基本站立控制

双腿夹紧、收腹挺胸、立腰立背,肩胛骨下旋同时双肩下沉,在没有墙壁支撑的情况下进行学练。运动员应保证身体用力感和有墙面支撑物相同,同时切身感受这种身体姿态。

2.双手叉腰提踵站立控制

在站立控制基础上,双手叉腰,同时双足提踵,保证身体垂直轴控制能力能伴随身体重心的提高而提高,此外运动员要切身感受后背的感觉以及身体垂直轴的控制。

3.双手叉腰,提踵行进间垂直轴控制

双手叉腰提踵站立控制基础上,提踵行进间走,可向前或向后行走,在身体重心发生移动的前提下完成垂直轴控制练习。

(二)纵跳控制

1.原地纵跳控制

在站立控制练习的基础上,双膝微屈、蹬地向上,借助踝关节力量,向上纵跳。动作过程中,腰腹、臀部收紧,身体成一条直线,感受身体垂直轴的控制。运动员完成原地纵跳控制练习时需要达到的要求是提气、收腹、立腰、头尽量往上顶、有落地缓冲。

2.负重原地纵跳控制

在原地纵跳控制练习的基础上,脚踝关节上绑上沙包,在增加负荷的情况下进行身体垂直轴控制练习。

二、身体姿态教学

(一)站立姿态

1.颈部练习

颈部自然挺直,微收下颌,眼看前方,头部保持正直。也可放一本书在头上,保持平衡,并能在保持平衡的基础上进行移动练习。

2.肩部练习

将两肩垂直向上耸起,等到两肩有酸痛感后再把两肩用力下垂。反复练习,结束后充分放松。

3.臀部练习

两脚并拢站立,躯干保持直立。脚掌用力下压,臀部和大腿肌肉用力收紧,并略微向上提髋,反复练习。

4.腹部练习

在收紧臀部的同时,使腹部尽量用力向内收紧,并用力向上提气,促使身体向上提,坚持片刻,然后放松,反复练习。

5.站立姿态练习

在背靠墙站立姿态练习基础上,脱离墙的支撑,体会站立时肌肉的细微感觉。参与这项练习的健美操运动员应增加练习次数且保证呼吸均衡。

(二)头颈姿态

1.低头练习

两手叉腰、立正站好。挺胸,下颌贴住锁骨窝处,颈部伸长,然后还原。运动员应循序渐进的加快速度,切实感受低头时控制肌肉的感觉。

2.抬头练习

两手叉腰、立正站好。头颈后屈,然后还原。运动员应循序渐进的加快速度,切实感受抬头时控制肌肉的感觉。

3.左转练习

两手叉腰、立正站好。头向左转动,下颌对准左肩,然后还原。运动员应循序渐进的加快速度,切实感受左转头时控制肌肉的感觉。

4.右转练习

两手叉腰、立正站好。头向右转动,下颌对准右肩,然后还原。运动员应循序渐进的加快速度,切实感受右转头时控制肌肉的感觉。

5.左侧屈练习

两手叉腰、立正站好。头向左侧屈(左耳向左肩的方向),然后还原。

6.右侧屈练习

两手叉腰、立正站好。头向右侧屈(右耳向右肩的方向),然后还原。

(三)上肢姿态

1.手型

(1)掌

竞技健美操基本掌型由五指分开手型和五指并拢手型组成。五指分开手型的基本要求是五指伸直用力到指尖,尽量分开至手掌的最大面积且在一个平面上；五指并拢手型的基本要求是五指并拢，大拇指第一指关节略弯曲，其他四指伸直，五指保持在同一平面内。竞技健美操运动员应按照基本掌型相关要求控制好掌型，在此基础上学习各个平面的掌型。

（2）拳

竞技健美操运动中的拳比其他手型呈现出的动作力度感觉更加显著，实心拳就是具有代表性的拳。

（3）指

在竞技健美操的发展过程中，指的手形动作逐步产生，剑指就是一个代表，具体动作要点是大拇指、无名指和小拇指弯曲，食指和中指并拢伸直。

（4）特殊风格手型

在竞技健美操音乐多样化的影响下，竞技健美操运动员表现自身风格的手形动作同样呈现出了多样化特点。在竞技健美操运动积极汲取各类文化的过程中，西班牙手型和阿拉伯手型等特殊风格的手形相继产生。

2. 手臂练习

（1）两臂上举

两臂经前绕至上举，双臂间距与肩同宽。

（2）两臂侧举

两臂经侧绕至侧举，掌心可向上或向下。

（3）两臂前举

两臂由下举向前绕至前举，两臂间距与肩同宽，五指并拢或分开，掌心相对或向上、向下、握拳等。

（4）两臂后举

两臂经前向后绕至后下举，手臂尽量向后，臂距与肩同宽。

（5）两臂前上举

两臂经前绕至与前举与上举夹角为45°的位置或前侧上举。

（6）两臂前下举

两臂经前绕至与前举与下举夹角为45°的位置或前侧下举。

(7)两臂胸前平屈

两臂屈肘至胸前,大小臂都与地面平行,前臂平行于额状轴,小臂距胸 10 厘米左右。

(8)双臂侧举屈肘

双臂侧举同时屈肘,使前臂和上臂呈 90°。

(四)躯干姿态

1.躯干稳定性

负重仰卧起坐和健身球俯卧撑都能提高竞技健美操运动员的躯干稳定性。负重仰卧起坐具体来说,竞技健美操运动员仰卧,两手持实心球控制在胸前,使球尽量接近下颌。运动员可根据个人实际肌力水平,采用不同重量的实心球(一般采用 2 千克~3 千克的)。运动员学习和训练的时间达到一定长度后,建议其循序渐进地增加实心球重量。由仰卧至起坐的过程是腰腹肌做克制(向心)工作,完成时速度要稍快些,由坐起再返回到仰卧姿势,腰腹肌则是做退让(离心)工作,身体回倒时速度放慢,通常控制在起坐时间的一倍为宜;倘若速度过快,则动作的实质应当以重力完成,如此会使腰腹肌锻炼成效弱化。因为负重仰卧起坐练习的收缩强度偏大,所以运动员要合理控制负荷重量与起坐速度。

2.躯干灵活性

①做左右依次提肩、提两肩,左右依次前后绕肩和双肩同时绕等肩关节运动。

②做顶髋和绕髋等髋关节运动。

③做躯干前后左右移动练习。

三、身体弹动教学

(一)踏步

1.直立踏步

上体直立,脚踏下时脚尖过渡到全脚掌落地,支撑腿落地时膝关节伸直,两臂屈肘在体侧自然前后摆动。

2.弹动踏步

根据音乐节拍踏步,手臂配合下肢依次前后摆动。踏步动作过程中摆动腿屈膝抬起时,支撑腿同时也微屈膝,摆动腿落地时支撑腿也伸直。学习弹动踏步时可以先慢节拍进行练习(如两拍一动),根据熟练程度逐步加快节奏。在完成直立踏步练习的基础上完成弹动踏步练习,从而切身感受各种动作感觉。

(二)蹬、伸

1.基本蹬伸

一脚踏在踏板上,然后用力快速向上蹬直,保持身体垂直轴的控制,两腿依次进行。

2.负重蹬伸

小腿绑沙包做蹬伸练习,使身体在增加负荷的情况下进行练习。两腿依次进行,反复练习。

3.原地腕、膝关节弹动性

两脚并拢,脚随着音乐节奏抬起落下,同时膝关节伸直屈伸,脚跟始终不离开地面,两臂屈肘于体侧自然前后摆动。

(三)踢

1.弹踢

一条支撑腿膝踝关节弹动的同时,另一条腿有控制地进行弹踢小腿,膝踝关节有控制地伸展,可进行单腿不间断地弹踢,也可两条腿交替练习。在两条腿交替弹踢的过程中,支撑腿踝关节始终保持有弹性地屈伸,原地动作练得熟练且有一定弹性时,可以进行行进间的弹踢训练。

2.弹动纵跳

弹动纵跳动作共4拍。1、2拍原地屈膝弹动,手臂配合下肢同时前后摆动。3拍向上纵跳,手臂顺势上摆至上举。4拍落地缓冲,手臂顺势下摆至体侧。

3.原地连续小纵跳

两脚并拢,足尖始终不离开地面,足跟随音乐节奏抬起落下,两臂屈肘于体侧前后自然摆动,做踝关节屈伸的训练。

四、移动重心

(一)原地移重心

1.向前移重心

立正,两手叉腰。左腿前擦地,右腿蹬地重心迅速前移成右腿后点地,收右腿还原成预备姿势,反方向重做一次。参与这项练习的运动员应确保自身达到几项要求,即两腿伸直、蹬地移重心、保持上体姿态、脚面外翻。

2.向侧移重心

立正,两手叉腰。左腿侧擦地,右腿蹬地重心迅速侧移成右腿侧点地,收右腿还原成预备姿势,反方向重做一次。两腿伸直、蹬地移重心、保持上体姿态、脚面向侧是运动员应当达到的要求。

(二)跳移重心

1.并步跳移重心

左脚前三位站立,两臂侧举。左脚向前上步,同时稍屈膝,重心随之前移。接着左脚蹬地跳起,同时右脚向左脚并拢,空中成三位脚,右脚落地。参与练习的过程中,运动员要保持挺胸、收腹、立腰的上体姿态,同时科学控制身体重心。

2.剪刀跳

采用剪刀跳的动作形式,左右剪刀跳连续进行,身体重心始终保持左右平移而没有上下起伏。学练时,两脚都不离开地面,通过两腿膝关节的依次屈伸左右平移身体重心,然后加上跳步进行剪刀跳的练习。同时注意保持好上体姿态,挺胸、收腹、立腰,控制好重心。

第三节　竞技健美操表现力教学

表现力对很多项评分类竞技项目的最终得分都有重要影响,竞技健美操为使健美操运动的健身性特点与阳光性特点更加显著,会科学评价和判定参赛运动员的表现力,所以竞技健美操教练员在科学指导运动员学习和运用基本动作和难度动作的同时,也要着重培养运动员的表现力。

具体到竞技健美操运动中,表现力是指练习者在拥有认知力、理解力、观察力、想象力以及自信心等的基础上,将健美操动作和健美操音乐的内涵转化成自我的内在情感,同时通过包括身体姿态、技术动作、面部表情在内的多元化外部形态不间断地反映出来,由此对观众产生吸引力和感染力的能力。对于竞技健美操运动员而言,其外在动作和内在精神气质均是表现力的统一反应。这里着重对竞技健美操表现力教学的教学方法加以阐析。

一、鼓励法

鼓励法是心理素质训练中的一项有效方法,其中心理素质训练就是科学培养运动员完成专项训练任务和比赛任务所需的多项心理素质以及个性品质,并且使运动员各项心理素质和个性品质日益完善的教育过程。对于竞技健美操运动员而言,必不可少的训练内容分别是意志训练、个性训练、学习和掌握动作过程的心理训练、比赛心理训练。这几项训练能使运动员心理承受能力、随机应变能力以及自信心有所增强,为运动员充分展现自我和竞技健美操运动表现力增强创造条件。

具体到竞技健美操运动中,教练员凭借语言和动作在内的多项激励手段有效激励运动员的训练方法,即鼓励法。鼓励法在激励运动员积极参与竞技健美操训练方面的作用尤为显著。通常情况下,参与竞技健美操训练的运动员会很想获得其他人的表扬和嘉奖,很多人对表扬和嘉奖的渴求远远超过身体对营养物质的实际需求,同时这种渴求在任何时期都不会停下来。对于参与竞技健美操教学的教练员和运动员而言,受到教师表扬的运动员会更加清晰地意识到自身进步,教练员及时而恰当的认可能有效激发运动员坚持参与竞技健美操表现力教学的积极性,有效提高运动员掌握竞技健美操动作的效率,使运动员表现力得到大幅度增强。

就竞技健美操运动员的表现力来说,自信对参赛运动员至关重要,而运动员的自信是长期训练中持续积累的结果,教练员鼓励性话语和表达满意的动作都会使运动员产生自信心,都能为运动员表现力的增强产生积极作用。

一般情况下，教练员编排竞技健美操时科学增加令人振奋且表现力极强的动作，或者教练员与其他运动员及时对正在完成成套动作的运动员说出激励性话语，都能使运动员的表现力有所提高。

二、表情法

表情法是指运动员有意识地改变自身面部表情。对于绝大多数竞技健美操运动员来说，熟悉竞技健美操技术动作和形体等方面的训练后，就有必要有目的、有意识地强化面部表情训练，原因在于面部表情训练对竞技健美操运动员的表现力水平至关重要。就一场势均力敌的竞技健美操比赛来说，在参赛双方动作技术水平相当的情况下，裁判会依据参赛者面部表情来评分，观众同样会就队员表情作出具体评价。因此，竞技健美操运动员的每个眼神、每个笑容、每个表情变化都至关重要，都会直接作用于最终的比赛成绩。

在竞技健美操表现力教学中运用表情法的意义是通过面部表情训练，使运动员熟练掌握有效控制面部表情变化的方法，进而确保其在参赛过程中同样能自如控制和调节面部肌肉，通过自信阳光的微笑满足观众审美需求。提高竞技健美操运动员表现力的表情法主要有以下几种手段。

(一)对镜训练法

对镜训练法是指运动员对着镜子训练自身的面部表情的方法。具体来说，运动员对着镜子做各种各样的表情既能有效锻炼和控制自身面部肌肉，也有助于运动员仔细揣摩哪种表情能对观众产生更大的吸引力，进而对这种表情展开反复练习。

(二)眼神控制法

控制眼神是表情训练中的一项重要内容。竞技健美操运动员认真参与眼神训练能使其眼部周围肌肉得到有效锻炼，进而使其眼睛更富神采。能有效控制身体姿态且眼神富有感染力的竞技健美操运动员往往能把内心的情感充分流露出来，也能顺利实现内外合一的理想效果，基于此竞技健美操运动员的表现力也会获得大幅度提升，竞技健美操表现力教学的眼神控制方法如下。

眼球和眼肌训练法：①放光与缩光。慢放慢缩、快放快缩；舒眉展眼；②转眼球。正向、反向、慢转；③快转摆眼球。横摆、竖摆、慢摆、快摆等。

眼睛素质训练法：笑眼、哭眼、迷眼、羞眼、恨眼、睡眼、傲视、怒视、环视、怯视、缩光凝视、放光凝视、询问、畏惧、寻觅、关切、焦急、怀疑、惊喜、示意、央求、会意等。

眼睛与音乐、动作结合训练法：羞眼、怒视、盲眼、畏惧、焦急、陌生、寻觅等。

(三)赛中调节法

参赛运动员通过调节面部表情来调整自身竞技状态的方法，即赛中调节法。对于即将参与竞技健美操比赛的运动员来说，在赛前极易产生紧张情绪和焦虑症状，这种情况下建议运动员适当放松面部肌肉，借助手部轻搓面部即可使面部肌肉放松下来；对于赛前情绪低落的竞技健美操运动员来说，建议有意识地增加微笑次数，无法摆出笑脸的运动员可以观察正在微笑的其他人，有意识地想想令人开心的事。这些方面都是供竞技健美操运动员自如控制面部表情的有效方法，有助于参赛运动员呈现出最佳状态。

三、观察法

观察法是指利用外部媒介展开直观观察，由此发现不足并有针对性地改正，最终增强竞技健美操表现力的训练方法。采取观察法的竞技健美操教练员往往会用到录像与镜面这两种外部媒介。

(一)录像观察法

录像观察法是指借助摄影摄像等现代化设备来协作训练。具体来说，录像观察法就是指利用外部媒介记录练习者表现，并在此基础上把运动员在训练过程中的问题直观表现出来，由此推动运动员快速而精准地发现和改正自身问题，最终使运动员训练水平有所提升的一种方法。

录像观察法对竞技健美操表现力教学产生的积极作用如下：一方面，能使运动员直观认识到自身动作上的问题和不足，推动运动员更加清晰而明确地改正动作，改善教练员培养运动员观察能力的实际效果，同时能把运动员主观能动性有效调动起来；另一方面，录像观察法能打破时间局限性,快速而准确地记录短时间内发生的情况,从而使运动员清晰地看到自身完成动作的协调程度、到位程度、实际力度、节奏感强弱以及是否优美,同时也能使运动员清晰地看到自身面部表情是否合理而自然,最终达到发现不足和改进不足的目的。

(二)镜面观察法

镜面观察法是指运动员对着镜子观察自身技术动作、身体姿态以及面部表情等方面的训练方法。镜面观察法有技术动作训练、身体姿态训练以及面部表情训练三种类型,这种方法和录像观察法的实质相同,即均借助视觉感受观察训练情况。当录像设备不足时,镜面观察法不失为高效而实用的方法。运动员借助镜子观察法评价自我表现,同时基于自身感受立足于主观层面适当调整技术动作、形体姿态以及面部表情等方面的问题,最终有效改善自身训练成效与表现力。

四、模仿法

基于具体需要进行相应模仿来提高竞技健美操运动员表现力的方法就是模仿法。被竞技健美操运动员广泛应用的模仿手段有模仿比赛和模仿特定场景,换句话说就是模拟训练法和情境模拟法。

(一)模拟训练法

模拟训练法是指在模拟实际比赛情况的基础上开展实战练习,从而增强运动员对比赛的适应能力。一方面,模拟训练法能增强竞技健美操运动员的自信心,促使其客观认识自身实力;另一方面,模拟训练法能帮助运动员发现并纠正模拟训练过程中的问题,避免和调整运动员参赛前的不良心理状态,使竞技健美操运动员的内心世界更加平稳,使竞技健美操运动员的应变能力和表现力得到有效增强。

(二)情境模拟法

情境模拟法是指在设置特定场景的基础上组织和指导竞技健美操运动员参与训练。在竞技健美操表现力教学中,教练员可以制定任意场景,并要求运动员借助肢体语言完成相应表演,如要求运动员模拟动物姿态和生活中特定场景等。模拟训练的方法如下。

1. 设置环境训练法

设置环境训练法的宗旨是使竞技健美操运动员在任何环境、任何时间、任何场合均可将自身的正常水平发挥出来。供竞技健美操教练员选用的可行性方法有:在不同场馆开展教学实践活动或改变日常训练的方向;合理改变训练时间与训练场地;有目的性地组织运动员观看各类竞技健美操赛事。

值得一提的是,运用设置环境训练法的教练员要密切关注运动员是否适应发生变化的环境场地。

2. 模拟比赛环境法

第一,竞技健美操教练员在日常训练场地上根据正规比赛要求划线,同时合理设置虚拟的主席台,明确指出参与套路练习的运动员要根据正规比赛程序进行。

第二,竞技健美操教练员严格遵循点名上场、下场报分的要求,逐步实现运动员适应能力稳步增强的目标,进而使运动员的比赛恐惧感逐步消减。教练员在竞技健美操教学实践中科学融入比赛情境,有助于减轻参赛运动员的心理压力。

从整体来说,当竞技健美操教练员运用模拟比赛环境法开展相关训练时,竞技健美操运动员应当端正学习态度,而教练员应当密切关注运动员的具体反应和发挥水平,对运动员出现的问题加以指导。

五、培养法

培养法是指竞技健美操教练员综合培养运动员的健美操兴趣爱好与音乐修养等。对于竞技健美操运动员而言,表现力并非独立存在的一种能力,相反表现力是多项能力的综合反映。因此,针对竞技健美操运动员开展的表现力训练不只是要高度重视专项技能训练的意义,也要把其他方面的训练置于重要地位。

诸多实践表明，全方位发展的竞技健美操运动员才能在比赛过程中正常发挥技术状态，所以说科学培养竞技健美操运动员的综合素质尤为关键。促使竞技健美操运动员的综合能力得以增强，能为其自内向外地发挥表现力创造条件。培养竞技健美操运动员的综合能力应从以下两个方面抓起。

(一)培养广泛的兴趣

兴趣是组成个体个性倾向性的一个关键部分，兴趣包含稳定兴趣、不稳定兴趣以及广泛兴趣与专一兴趣等多种形式。对于竞技健美操表现力教学实践活动来说，倘若运动员对表现力教学呈现出稳定且专一的兴趣，会促使其参与竞技健美操训练和比赛的主观能动性有所增强，由此也会使其掌握技术技能的效率大幅度提升。与此同理，拥有广泛兴趣的竞技健美操运动员，其艺术修养、表演能力以及表现力会逐步增强。

值得一提的是，竞技健美操教练员培养运动员兴趣时不应单方面培养健美操方面的兴趣，而应培养运动员在多个方面的兴趣，如此能使运动员的艺术修养得以增强、审美情趣得以提升、良好形象思维能力逐步形成、个人修养和表现力有所提升。

(二)培养音乐修养

竞技健美操运动中的音乐发挥着至关重要的作用，从某种程度来说音乐是竞技健美操的灵魂。作为一名竞技健美操运动员，一方面要具备很强的音乐感受能力，另一方面要具备准确把握音乐节奏的能力，所以说教练员要有意识、有目的地培养运动员音乐修养。

培养竞技健美操运动员音乐修养的具体策略是指导运动员坚持听类型各异的音乐，由音乐逐步联想到具体的故事情景或者景色，由此更加精准地表达具体情感；引导运动员反复揣摩音乐的内涵、认真剖析音乐的结构、深入探究表现音乐的最佳方式方法。

六、状态调节法

竞技健美操运动员在赛前出现情绪紧张和焦虑等不良反应时，往往会对其表现力产生直接性影响,所以说作为一名竞技健美操运动员一定要逐步增强自身调节不良反应的能力,具体调节方法如下。

(一)鼓励调节法

针对在赛前出现紧张和焦虑的运动员,建议教练员选择称赞性语言和忠告性语言对运动员心理活动产生正面影响,进而使运动员逐步脱离紧张情绪和焦虑反应,能消除紧张情绪、摆脱焦虑反应的竞技健美操运动员,才能在比赛中有稳定的发挥。

(二)自我调节法

通常建议竞技健美操运动员在赛前运用积极的语言来暗示自己和鼓励自己,促使这些语言发挥出稳定情绪、增强自信心、使自身实力充分表现的作用,被竞技健美操运动员广泛应用的语言有"相信自己一定会取得胜利"等。

(三)呼吸调节法

对于绝大多数竞技健美操运动员来说,深呼吸练习能使他们的紧张情绪逐步消除。深呼吸练习的具体做法就是缓慢的呼气和吸气,通过长吸气和有力的呼气练习来提高情绪兴奋水平、稳定运动员情绪、增强运动员自信心,最终使参赛运动员呈现出最佳状态。

七、组合教学法

(一)激情组合教学

激情组合教学法是情绪调动训练中运用频率最高的方法,具体是指教练员借助某段具有代表性的艺术表现形式来调动运动员主观能动性。举例来说,教练员可以播放高水平竞技健美操运动员的比赛视频,以此来有效吸引运动员的注意力,促使运动员成为竞技健美操表现力教学的积极参与者。

(二)自信组合教学

组织和开展竞技健美操表现力教学的教师,要在最佳时间段内提醒运动员完成动作时确保身体姿态达到正确性要求和优美性要求,要求运动员始终保持良好的面部表情和自信满满的眼神,尽全力把竞技健美操运动的良好精神风貌彰显出来。

(三)风格表演组合教学

教练员可以播放几段风格明显的音乐,要求竞技健美操运动员配合相应的想象动作完成集体训练,逐步培养和增强运动员把动作和音乐充分融合的能力。

八、专项技术教学法

从本质上来说,竞技健美操表现力教学是将专项技术教学作为核心内容的。倘若竞技健美操运动员的专项技术水平有待提高,那么不管音乐制作、动作编排以及运动员面部表情训练付出了多大努力,运动员都很难获得教练员、裁判员以及观众的高度认可。

具体来说,专项技术教学法是指将健美操基础技术作为着手点,科学而高效地展开运动员表现力教学,这项教学法往往会从以下两个方面着手。

(一)技术动作教学

对于竞技健美操运动员来说,专项技术动作是其表达个人思想和情感的首要窗口,也是其他所有表现因素的基础和前提。就技术动作教学来说,具体是指运动员把运动解剖学、运动生理学、运动生物力学、运动心理学等科学原理及规律设定为依据,在此基础上运用最科学有效的作业程序和方法进行教学的过程。对于竞技健美操教学而言,技术动作教学是核心性内容,所占比重比其他内容多很多。竞技健美操运动员高效参与技术动作教学,有助于其熟练掌握各类操化动作和难度动作,逐步增强其对动作、节奏以及韵律的实际感受,由此实现提高动作质量水平、增强技术动作感染力以及提高自身表现力的目标。技术动作教学主要由基本教学和提高教学组成。

1. 基本教学

具体来说,竞技健美操基本教学由基本技能和基本动作组成。一般情况下,建议参与竞技健美操基本教学的运动员通过认真参与基本步伐练习、徒手体操练习、健身性健美操练习、基本动作练习、难度动作练习以及成套动作组合练习,来逐步提高肌肉本体感觉和运动节奏感韵律感。

2. 提高教学

提高教学要求竞技健美操运动员在参与完基本教学的基础上进行这项训练,该教学活动旨在使竞技健美操运动员进一步复习和巩固基本训练内容,逐步达到熟练掌握和运用的要求,同时慢慢朝着高、新、难动作学习和训练的阶段迈进。与基础教学阶段相比,提高教学阶段的运动强度和运动密度都有所增加,其目的是促使竞技健美操运动员熟练掌握各项动作,此外使运动员将各项动作平稳发挥出来。

(二)身体素质教学

就竞技健美操运动员的身体素质来说,不但是其具备完美表现力的基础条件,而且是其技术水平大幅度提高的基础条件。在竞技健美操表现力教学中,教练员应有意识、有计划地培养运动员的柔韧性、力量、协调性、灵敏性、准确性等多项素质。

第八章 高校体育舞蹈学练的安全防护

第一节 体育舞蹈运动处方的制定原则与方法

体育舞蹈是体育运动项目之一，因而也具有体育运动的普遍特点，这也就决定了其具有一定的危险性，存在出现意外的可能。因此，安全防护就成为体育舞蹈课程建设中需要高度重视的一个问题，舞者安全防护技能的培养也就显得尤为重要且必要了。

运动处方，通常会被理解为应用于体育运动的医疗处方，具体来说，就是指运动指导员为参与运动锻炼的人所制定的规定其运动的方式、持续时间、频率、运动强度和运动时的注意事项。

一般地，运动处方包括的内容主要有运动目的、运动项目、运动强度、运动时间、运动频率及注意事项等方面。

运动处方的类型也是多种多样的，通常会根据运动目的的不同将其分为治疗性运动处方、塑身性运动处方和预防性运动处方三种类型。

一、体育舞蹈运动处方的制定原则

体育舞蹈运动处方的制定，首先要明确必须针对体育舞蹈来进行，然后才是其他应该遵循的重要原则。具体在制定时要遵循的原则有以下几点。

(一)科学性原则

体育舞蹈运动处方的制定要符合科学性这一前提条件，这里所说的科学性体现在这三点：①体育舞蹈运动处方的制定一定要符合人体的生理和心理特点。②体育舞蹈运动处方中的运动目的、时间、强度等方面要符合处方对象的身体特点。③体育舞蹈运动处方的制定要能将运动锻炼的要求和意义充分体现出来。

(二)区别对待原则

在制定体育舞蹈运动处方时,一定要根据具体的舞种,以舞者个体的实际情况为依据来制定,从而保证运动处方与舞者个体特点相适应。这就要求在制定体育舞蹈运动处方之前,一定要充分了解并掌握每一位舞者的具体情况,根据他们身体条件的不同区别对待。另外,由于体育舞蹈中包含的舞种多种多样,且每位舞者的身体或客观条件是处于不断变化状态中的,因此,遵循区别对待原则是非常重要的。

(三)调整性原则

制定体育舞蹈运动处方遵循调整性原则,主要是为了能够时刻保持运动处方与舞者需求和体育舞蹈发展需求相适应,这就要对既定的运动处方进行适当的调整。这种调整可以是舞种之间的,也可以是训练的强度、动作等方面的,但是,在调整时,必须遵循客观、适度的原则。

(四)长期性和渐进性原则

体育舞蹈的开展并不是一时的,而是要经过长期学习和锻炼才能掌握相关动作技能,才能对身体健康产生有益影响。在"终身体育"思想的指引下,在参与体育舞蹈锻炼的过程中,要严格遵循长期性原则,从而提高、巩固自己的专项技能和健康水平。

人对运动技能的掌握水平和健康水平的增长和提升都不是一蹴而就的,人体对反复持久的运动有一个适应过程,只有使适应能力逐渐增加,运动技能水平和健康水平才能得到有效提升。因此,这就要求在制定体育舞蹈运动处方时,要同时遵循长期性和渐进性原则。

(五)有效性和安全性原则

体育舞蹈运动效果的取得与运动强度和运动量有着密切关系,因此,在制定体育舞蹈运动处方时,就要对这两个方面以及运动内容进行科学、适量的安排,从而保证对机体刺激的有效性。

另外,保证体育舞蹈运动的安全性也是最为重要的原则。要做到这一点,首先要对有效界限和安全界限有所认识和区分。其中,有效界限是指最低锻炼效果的运动负荷,而安全界限是指学生在保证不会出现意外的情况下所承受的最大运动负荷。一般地,只要在有效界限至安全界限这个范围内制定体育舞蹈运动处方,通常是能保证其安全性的。

二、体育舞蹈运动处方的制定方法

体育舞蹈运动处方制定的步骤主要有以下三个方面,具体要根据体育舞蹈的特点来加以调整。

(一)健康调查与评价

在制定体育舞蹈运动处方之前,要先进行健康调查与评价,这样做是为了能够全面且深入地了解参与体育舞蹈的学生的健康和运动情况。具体来说,健康调查与评价主要涉及四个方面的内容:①询问参与者的病史及健康状况;②了解运动史;③了解运动目的;④了解社会环境条件。

在调查完上述四个方面的健康情况后,就可以初步评价体育舞蹈学生的健康状况了,然后根据得出的结果,对学生的身体健康状况、精神状态、社会适应能力、锻炼动机等进行评价,这也为体育舞蹈运动处方的制定提供了依据和支持。

(二)运动试验

运动试验主要是用来对心脏功能进行评定的,其在体育舞蹈运动处方的制定过程中提供必要依据。一定要根据检查的目的和被检查者的具体情况选择运动试验方法,这样才能保证所选择的运动试验方法是科学的,是与体育舞蹈项目特点相适应的。

运动试验的适用范围并不是广泛的,一般来说,其在以下情况下是比较适用的:

①按照运动试验的结果,来将体育舞蹈运动处方制定出来,从而使体育舞蹈运动处方中所涉及的安全问题得到保证。

②对体育舞蹈学生的体力、活动能力、心脏的功能状况等加以评定。

③对体育舞蹈学生冠心病的早期诊断,对冠心病的严重程度及心瓣膜疾病功能加以评定。

④高度关注并及时发现由体育舞蹈运动锻炼所诱发的心律失常情况,保证高检出率。

⑤要保证良好的重复性,从而保证体育舞蹈学生的良好康复治疗效果。

目前,逐级递增运动负荷的方法是最常用的运动试验,具体的测定手段主要为跑台和功率自行车。

(三)体质测试

在将运动强度、运动密度确定下来之后,就能够进行体育舞蹈运动处方的制定了,体质测试就能为此提供相关的依据。

通常来说,体质测试的内容有以下几点。

1. 运动系统测试

运动系统测试的主要内容是肌肉力量的测试。测试肌肉力量的方法主要有两种,一种是手法肌力试验,另一种是围度测试。

2. 心血管系统测试

主要的测试内容有两方面,一个是静态检查,另一个是动态检查,测试所参照的指标为心率、血压、心电图等方面。

3. 呼吸系统测试

测试的内容为屏气试验、通气功能检查、肺活量测定、呼出气体分析、日常生活能力评定等。

4. 有氧耐力测验

通过有氧运动的形式来对全身耐力进行测验。

第二节　体育舞蹈学练中的疲劳与恢复

一、体育舞蹈学练中疲劳的产生

(一)疲劳概述

疲劳是一种常见的生理现象,具体来说,就是人体活动到一定程度,组织器官乃至整个肌体工作能力暂时降低的现象。由此可以得知,运动疲劳是运动训练和体育锻炼中所出现的不可避免的现象。

(二)疲劳产生的原因

能够直接导致运动疲劳产生的原因有以下几点。

1. 身体素质与运动能力的变化

人体的身体素质会对人体的各项机能产生基础性影响,因此,人体的身体素质较好,疲劳的产生时间就会延缓;运动能力也能从一定程度上反映出其身体机能的水平,也会影响疲劳产生的时间和程度。因此,如果人体各器官功能下降,那么,运动能力与身体素质也会受到影响。

2. 体内能源贮备的减少和身体各器官功能的降低

通过对运动过程中疲劳产生时身体内能源物质的分析研究发现,其呈现出更大的消耗的特点。如果能源贮备出现了更大的消耗与减少,那么,受其影响,身体各器官功能也会有下降趋势。除此之外,还会进一步影响肌肉活动时代谢产物的堆积及水、盐代谢变化等,如此一来,机体工作能力就会下降,进而导致疲劳的产生。

3. 精神意志因素

当人体在身体出现疲劳后,其心理上也会有疲劳的感觉,这是身体所发出的疲劳的主观信号。在运动过程中,人体各器官、系统都在神经系统的指挥下完成相应的活动,要强调的是,不管是神经系统功能降低,还是神经细胞抑制过程加强,所产生的后果都是加深疲劳程度。这时候,人的情绪意志状态与人体功能潜力的充分动员之间就会有非常密切的关系。从实际意义上来说,人体在出现疲劳的感觉时,机体的功能潜力仍然是非常大的,如果这时候具有良好的情绪意志,那么就能够将机体潜力有效动员起来,这时,疲劳就会延缓发生。

二、体育舞蹈学练中疲劳的恢复

(一)体育舞蹈中疲劳恢复的原则

1. 全面性原则

体育舞蹈本身是一个全身性运动,其需要学生的身体整体上有良好的配合才能实现,这就体现出了运动的全面性。同样的,要恢复体育舞蹈学练中出现的疲劳,也需要遵循这一原则,即在制定疲劳恢复的措施时,采取尽量包括全方位的训练,不能上肢受伤练下肢,下肢受伤练上肢。

2.针对性原则

针对性原则就是指在全面运动的基础上,有针对性地主次分别,有重点地进行锻炼。

首先,在制定恢复措施时,要做到因人而异,区别对待。具体来说,疲劳的消除要以体育舞蹈的项目特点为依据,采取针对性措施,可以从休息、营养补给等方面入手,当然也可以从运动损伤的恢复上入手。

其次,要有针对性的处理方案,并且方案应由专门的康复科医师、教师、学生三者结合起来共同制定与实施。

3.循序渐进原则

注意体育舞蹈学练中疲劳的恢复,不仅要重视恢复效果,还要保证安全性,避免运动损伤的产生。

①要密切观察和检查伤处反应和训练所获得的效果,根据变化随时修订计划。

②负荷量的大小应以体育舞蹈学练后不引起明显疼痛,并经一夜休息后原有症状不见加重为宜。

(二)体育舞蹈学练中机体能源储备的恢复

1.氧合肌红蛋白的恢复

氧合肌红蛋白主要存在于肌肉中。肌肉收缩时,肌肉中的氧合肌红蛋白能迅速解离释放氧并被利用,而在体育舞蹈练习之后,被分解掉的氧合肌红蛋白在几秒钟内即可得到完全恢复。

2.磷酸原的恢复

磷酸原的恢复速度很快,在经过剧烈的体育舞蹈学练后,被消耗的磷酸原在20~30分钟内便可以合成一半。力竭性运动后30分钟,磷酸原恢复约为70%。也就是说,在10分钟全力运动的训练中,二次运动的间歇时间不能短于30分钟。

3.肌糖原储备的恢复

肌糖原为肌肉的收缩提供能量,是有氧氧化系统和乳酸能系统的供能物质。运动强度和运动持续时间不同,肌糖原的恢复时间也不同。长时间参与体育舞蹈学练之后,就会导致肌糖原耗尽,用高糖膳食 46 小时就可以使肌体消耗的肌糖原完全恢复;而用高脂肪与蛋白质膳食 5 天,肌糖原恢复仍然很少。在短时间,高强度的间歇运动后,无论是食用普通膳食还是高糖膳食,肌糖原的完全恢复都需要 24 小时。

4. 乳酸的清除

在体育舞蹈的学练过程中,糖酵解会产生乳酸。乳酸绝大部分用于肝糖原合成被再利用,而一部分乳酸经血液循环,主要到达心肌、肝和肾脏作为糖异生作用的底物。在训练后恢复期,乳酸的清除速度受休息方式影响。散步、慢跑等活动对于乳酸清除速度的加快有帮助,从而对乳酸的清除也有一定的帮助,减轻肌肉的酸痛,促进疲劳的尽快恢复。通常情况下,活动性休息中血乳酸消除的半时反应为 11 分钟,恢复至安静时的水平约要 1 小时,而休息性恢复中乳酸消除的半时反应需 25 分钟,恢复至安静水平则需要 2 小时。

(三)体育舞蹈学练中疲劳恢复的措施与手段

体育舞蹈学练中,疲劳的产生原因是多方面的,因此,要想消除疲劳,可以借助的方法和途径也是多方面的,其中,常见的有休息、运动疗法、睡眠、营养补充、理疗、心理调节、音乐疗法等,具体要根据实际需要进行选用,以期取得最佳的恢复效果。

1. 积极休息

积极休息的具体形式有两种,一种是静止性的休息,一种是活动性休息。

(1)静止性休息——睡眠

睡眠是公认的最好的静止性休息方式。其在运动疲劳的消除、技能的恢复方面所产生的效果是非常显著的。由于运动锻炼所导致的身体疲劳产生之后,要想尽快恢复身体机能,进行充分且质量高的睡眠是最为有效的措施之一。在睡眠时间上,成年人每日要有 7~9 小时的睡眠。睡眠质量也至关重要,具体要求如下:①睡眠要有规律,养成定时就寝与定时起床的习惯。②睡眠不足时应在白天补足。午睡时间 30~60 分钟最适宜,可稍微补充一下睡眠。③保证有足够的睡眠时间。睡眠时间应保证在 8 小时左右。④优化睡眠环境。良好的睡眠环境能有效提升睡眠质量,主要涉及居室温度、湿度以及寝具的舒适程度。

(2)活动性休息

活动性休息就是一些以放松为目的的积极性活动。通过活动性休息,能够取得的成效有三点:①防止神志昏迷、眩晕及恶心。②加速血液中乳酸的排泄。③防止过剩换气。

2.运动疗法

运动疗法是以运动学和神经生理学为基础,利用人体肌肉关节的运动,以达到防治疾病、促进身心功能恢复和发展的方法。它是康复医疗的重要措施之一,这里所说的运动疗法主要是指体育舞蹈学练之后的整理活动。

在日常生活中,通常会看到有人在跑步或者做其他剧烈运动之后,立马停住,这是非常危险的,因为这样血液会大量集中在下肢扩张的血管内,使静脉回心血量减少,因而心排血量下降,致使血压降低而造成暂时性脑贫血,会引起一系列不适感觉,甚至出现"重力性休克"。因此,在剧烈运动后进行整理活动是非常有必要的,这样不仅能够使心血管系统、呼吸系统仍保持在较高水平,而且对于乳酸的排除也有非常积极的促进作用。

3.传统康复治疗

(1)气功

气功是一种自我调节、自我控制的锻炼形式。气功练习在体育舞蹈运动疲劳的恢复方面所产生的作用包括四点:第一,增强抵抗能力;第二,帮助"放松",消除紧张状态;第三,对大脑皮层起保护性抑制作用;第四,使骨骼肌放松,心跳减慢,耗氧量减少。

当前,气功经常被用到疲劳的恢复中,且形式多样,取得的效果也比较理想。

(2)按摩

按摩也被称为推拿,是消除疲劳的常用方法,通过手法作用于人体的皮肤表面、肌肉、穴位,以调整人体的生理、病理状态,从而起到治病和保健的作用。

  按摩对于身体健康有非常积极的促进作用:首先,能够疏通经络,使气血周流,保持机体的阴阳平衡;其次,能使肌肉放松,关节灵活;再次,能使人精神振奋,消除疲劳。推拿按摩的应用较为广泛,除了与其显著的功效有关之外,还与其特点密切相关,它经济简便,随时随地都可实施,而且平稳可靠,易学易用,无任何副作用。

  运动按摩在运动疲劳消除和身体机能恢复方面所产生的作用是非常显著的。其能够使局部或全身血液循环的状况得到改善,减轻肌肉酸痛和僵硬的症状,提高肌肉的收缩力,改善关节的灵活性等。

  (3)中医药疗法

  中医药疗法在运动疲劳的消除和身体机能的恢复方面具有很好的辅助作用。具体来说,这一疗法的具体形式主要有汤剂内服、内服外洗、药剂熏洗。其中,内服中药消除运动疲劳的方法具体有两种:一种是服用复方中药,一种是服用单味中药,前者居多。从中医的角度上来说,用于消除运动疲劳和促进体力恢复的复方中药主要是以"补益"和"调理"为主要治则组方的。

4.营养性疗法

  运动疲劳的恢复还需要必要的营养补充,因为只有营养满足身体的消耗需求,才能保证疲劳的恢复是有效的。可以说,科学的营养补充是恢复的物质基础。通常来说,在运动疲劳产生之后,需要对糖、蛋白质、矿物质和维生素等进行科学且全面的补充。

5.音乐疗法

  在疲劳的消除方面,音乐所起到的作用是非常神奇的。音乐本身有舒缓压力、调节心情的显著作用,将其应用于运动疲劳的消除方面,所产生的效果也非常显著。其能够使人的中枢神经系统的疲劳得到有效缓解,呼吸、循环系统和肌肉的功能得到有效调节,还能起到镇静、镇痛、改善注意力的显著作用。

6.心理放松疗法

心理放松疗法就是通过心理学各种理论、原则和技术的应用,达到特殊治疗效果的特殊手段。在体育舞蹈学练结束之后,采用心理调整放松,能够降低神经精神的紧张程度,缓解心理的压抑状态,加快神经系统的恢复速度,从而进一步促进身体其他器官、系统机能的恢复。

除了上述几种消除疲劳,恢复身体机能的手段之外,理疗也是有效消除运动疲劳的手段之一,具体可以根据实际情况和需求,有针对性地选择吸氧、空气负离子吸入、沐浴、局部负压法、针灸、气功等方法。

第三节　体育舞蹈学练中常见伤病与处理

一、体育舞蹈学练中的伤病

(一)运动损伤

运动损伤即在运动过程中所发生的各种损伤的统称,按照不同的划分标准,可以将运动损伤分为不同的类型。

(二)运动疾病

运动疾病即学生在参与运动过程中,因所选择的运动方式、方法不当或者过度运动而引起的疾病。

二、体育舞蹈学练中常见运动损伤的处理

(一)擦伤

在体育舞蹈学练中,擦伤是经常出现的一种运动损伤,主要是由外力摩擦所致的皮肤出血或组织液渗出。擦伤的处理方法包括以下几个方面。

1.面积较小的擦伤

可以用涂抹碘酒或者碘伏的方法来处理表皮擦伤,不须包扎。如果

擦伤部位是关节及其附近,首先要进行局部消毒,然后涂以消炎软膏。

2. 面积较大的擦伤

首先要用生理盐水或 0.05% 的新苯扎氯铵溶液对擦伤的表面进行清洗,再局部消毒,最后用消毒凡士林纱布和敷料,并包扎。必要时,为了避免感染,可加服抗生素。

(二)挫伤

体育舞蹈都是在同一个场地中进行练习的,学生相互之间的冲撞会导致挫伤的发生。挫伤后,通常会出现局部青紫,皮下瘀血肿胀、疼痛的症状。

挫伤的处理方法包括:第一,单纯性挫伤:首先进行局部冷敷,然后外敷新伤药,加压包扎、抬高患肢。第二,挫伤伴有肌肉、肌腱断裂:首先要包扎固定肢体,然后送医院治疗。第三,头部、躯干挫伤伴有休克:首先要抗休克,在保温、止痛、止血、矫正休克后,立即送医院治疗。

(三)拉伤

拉伤主要是因为外力对肌肉的过度拉长而导致的,这在体育舞蹈学练中也会发生。比如,运动前的准备活动不充分、动作不协调、训练方法不得当等都可能导致拉伤的发生。拉伤的症状主要为肿胀、压痛、肌肉痉挛等,严重者会出现肌肉断裂。拉伤的处理方法包括以下几个方面。

1. 轻度拉伤

立即对受伤部位进行冷敷,局部加压包扎,抬高患肢,24 小时后可实施按摩或理疗进行辅助治疗。

2. 重度拉伤

病情严重者急救后,立即送医院治疗。

(四)腘绳肌拉伤

在体育舞蹈学练过程中,当学生的肌肉在做猛烈收缩和被动牵拉时,就会导致拉伤的发生。通常情况下,大踢腿和屈体分腿跳是导致腘绳肌拉伤的主要原因。

腘绳肌拉伤的处理方法包括：第一，拉伤较轻：应立即给予冷敷，局部加压包扎，并抬高患肢，外敷中草药。第二，肌肉大部分或者完全断裂：在加压包扎后立即去医院进行手术缝合。

(五)撕裂伤

在体育舞蹈的学练过程中，学生由于皮肤受外力严重摩擦或碰撞，就会导致撕裂伤的产生，该损伤的症状主要为皮肤撕裂、出血。

撕裂伤的处理方法包括：第一，小面积皮肤撕裂伤：先消毒，消毒后以胶布黏合或用创可贴敷盖即可。第二，大面积皮肤撕裂伤：需止血缝合和包扎，必要时可用破伤风抗生素肌内注射。

(六)关节脱位

在体育舞蹈学练过程中，关节往往会因为外力作用而失去正常的连接关系，这就是我们平时所说的脱臼，也就是关节脱位。主要症状为剧烈疼痛，关节周围出现显著肿胀，关节功能丧失，严重者还会出现肌肉痉挛、休克的情况。

关节脱位的处理方法包括：第一，损伤发生后，切不可随意做复位动作，以免加重伤情。第二，用夹板或三角巾固定伤肢，并尽快送医院治疗。

(七)肌肉痉挛

肌肉痉挛俗称抽筋，是肌肉持续不自主的强直收缩，这在体育舞蹈学练中也时有发生，尤其是在加大练习难度的时候。

肌肉痉挛的处理方法包括：第一，缓慢而持续地牵拉痉挛肌肉，使之放松并拉长。第二，持续强直收缩后可以进行适当的按摩，以促使痉挛的解除。

(八)胫腓骨疲劳性骨膜炎

在体育舞蹈的学练过程中，由于剧烈运动，往往会使大腿屈肌群不断收缩，而过度牵扯其胫腓骨的附着部分，致使骨膜松弛，骨膜下出血，产生肿胀、疼痛等炎症反应，导致胫腓骨疲劳性骨膜炎的发生。主要症状为骨膜松弛，骨膜下出血，并产生肿胀、疼痛等。

胫腓骨疲劳性骨膜炎的处理方法包括：第一，要注意足尖跑、跳的运动量，尽可能降低下肢的负担，运动量要减少。第二，可视损伤情况适当进行局部按摩，伤势严重者，立即就医。

(九)关节扭伤

在体育舞蹈学练过程中，往往会因为关节的异常扭转而导致关节扭伤的发生。肘关节、肩关节、膝关节和踝关节都会有扭伤的情况发生。具体指关节发生异常扭转，并导致关节囊、关节周围韧带和关节附近的其他组织结构损伤。

关节扭伤的处理方法包括：第一，急救：首先要对韧带进行检查，看其是否有撕裂的情况，关节的功能是否正常。采取的主要措施为冷敷、加压包扎或固定关节，并外敷活血止痛的药物。伤情严重需立即送医院诊治。第二，肘关节扭伤：首先，要进行局部冷敷，并加压包扎，外敷新伤药。24小时之后，可进行理疗、按摩、外敷中药。第三，膝关节扭伤：首先，要通过仔细检查来将受伤的确切部位和受伤的程度确定下来。其次，损伤发生之后，应立即用氯乙烷镇痛喷雾剂等进行冷敷。通常会采用棉垫或橡皮海绵加弹力绷带压迫包扎，抬高患肢，以保护受伤部位不加重损伤。24小时后可打开包扎，若出血已停止，可进行中药外敷、理疗、按摩等。凡韧带发生断裂或半月板严重损伤时应尽快送医院进行手术治疗。第四，踝关节扭伤：立即用拇指压迫痛点，即韧带损伤处止血，同时进一步检查并确认韧带是否断裂。如果是较轻的或少部分断裂的韧带损伤，可用粘带支持固定，并以弹力绷带包扎。

(十)腰部扭伤

腰部扭伤是腰部软组织的损伤，也被称为"闪腰"。腰部扭伤的具体情况比较多样，比如，肌肉轻度扭伤、肌痉挛引起脊柱生理曲线改变、棘上韧带与棘间韧带扭伤、筋膜破裂、小关节交锁等。因此，在体育舞蹈学练过程中，一定要注意腰部的保护。

腰部扭伤的处理方法包括：第一，休息。可以在垫子或木板床上进行休息,休息的姿势以仰卧位为好,在腰部垫一薄枕,使腰部得到有效放松。通常一周左右的休息就能使腰部扭伤的情况得到恢复。第二,按摩。主要对人中、扭伤、肾俞、大肠俞、委中等穴进行按摩。手法强度根据不同病人的感受而定。

(十一)韧带损伤

体育舞蹈学练中,韧带损伤的情况也会发生,主要是由于用力过大、过度牵伸而导致不同程度的韧带纤维附着处的断裂。

韧带损伤的处理方法包括:第一是轻度韧带损伤:首先要止痛与加快消肿。之后进行局部冷敷、加压包扎、抬高伤肢,24~48小时后对受伤部位周围进行热敷或按摩。第二是中度韧带损伤:一定要保证受伤部位的制动,使韧带处在避免牵拉的位置。一般早期手术修补者经过6~8周才能完成良好的愈合。第三是重度韧带损伤:应在损伤早期通过手术将韧带断端良好结合,以确保其愈合。

(十二)腱鞘炎

在体育舞蹈学练过程中,学生肌腱和腱鞘间长期、快速、用力的摩擦,会使两者发生损伤和水肿,由此引起的炎症,就是腱鞘炎。腱鞘炎起病缓慢,最开始的症状为:早晨起床时,手腕部位发僵、疼痛,活动开以后症状逐渐消失;严重者会有持续的疼痛,并伴有弹响或闭锁,按压患处有明显的疼痛。

腱鞘炎的处理方法包括:第一,损伤的初期,腕关节要注意休息,采用制动、理疗的方式直到症状消失,避免转变为慢性腱鞘炎。疼痛剧烈并伴有肿胀时,可用冰块冷敷或外敷伤药消肿止痛。第二,急性腱鞘炎首先应制动,接着采用中药热敷,并配合按摩;慢性腱鞘炎痛点局限,用强的松龙鞘内注射。第三,急性期过后伤处外敷腱鞘炎散,也可采用热敷或中药熏洗,每日1~2次。在热敷或熏洗的同时做关节伸展运动,并配合按摩。

三、体育舞蹈学练中常见运动疾病的处理

(一)过度紧张

在体育舞蹈的学练过程中,学生往往会因为训练水平不高、生理机能状态不佳等各种原因导致过度紧张。

过度紧张的处理方法包括:第一,轻度过度紧张:可以采取仰卧的姿势,在垫子上或者床上进行休息,保持安静状态,短时间就能恢复。第二,脑缺血时,患者要以平卧位进行休息,头稍低,可以给以热糖水或镇静剂,这对于疲劳的恢复有促进作用。第三,严重心功能不全的患者,要保持安静状态,并且使其保持平卧位,指掐"内关"和"足三里穴"。如果昏迷,可以通过指掐"人中穴"的方式帮助其苏醒。第四,呼吸困难或心跳停止者,要通过人工呼吸的方式进行救治,然后立即去医院进行进一步的治疗。

(二)过度疲劳

学生在体育舞蹈的练习过程中,因练习不当、疲劳的连续积累导致肌体出现功能紊乱或病理状态,就是过度疲劳。过度疲劳发生后,学生的各个系统功能都会有所反应。

过度疲劳的处理方法包括:第一,注意休息、睡眠,2~3周以后即可恢复正常,过度疲劳发展到中、后期,应停止运动。第二,做好营养的补充工作,同时根据病情施以药物进行治疗,多吃新鲜蔬菜和水果,也可以有效补充 VC、VB_1、VB_6、VB_2、葡萄糖、三磷酸腺苷等。第三,从事一些相关的康复性医疗活动,效果较为理想的有太极拳、气功、温水浴、按摩等。

(三)肌肉酸痛

在体育舞蹈学练过程中,如果运动量过大,就会导致肌肉酸痛的产生。这种酸痛在运动结束后1~2天才会出现,因此也被称为延迟性疼痛。

肌肉酸痛的处理方法包括:第一,可以针对酸痛局部进行静力牵引,拉伸状态要保持至少2分钟,然后休息1分钟,按照这一方法重复练习。

第二,针对酸痛局部肌肉进行热敷,也可以根据实际情况进行适当按摩。第三,口服维生素 C,补充微量元素。

(四)低血糖症

在剧烈耐力性运动中或运动结束后,通常会有低血糖症出现。血糖低于 55 毫克/100 毫升,就是低血糖症;低于 10 毫克/100 毫升,就是低血糖性休克,会出现深度昏迷。

低血糖症的处理方法包括:第一,使患者保持平卧的姿势,并且做好保暖工作。第二,如果症状较轻,可以通过饮浓糖水或吃少量食品的方法进行处理,通常在短时间内即可恢复。第三,可静脉注射 50% 葡萄糖 40~100 毫升。第四,如果症状严重,出现昏迷不醒的情况,可针刺人中、百会、涌泉、合谷等穴,并及时送医治疗。

(五)运动性高血压

在体育舞蹈学练过程中,运动过度和过度紧张是导致运动性高血压的主要原因。主要症状为头痛、头昏眼花、失眠、记忆力减退、注意力不集中、烦闷、乏力、心悸、眩晕、肢体麻木。

运动性高血压的处理方法包括:第一,一般处理是调整运动负荷量,避免剧烈运动;生活要有规律,劳逸结合。第二,采用推拿按摩、针灸、中医等方法进行处理。

(六)中暑

如果长期在高温环境中进行体育舞蹈学练,那么中暑的概率就会加大。通常会出现身体发热、四肢乏力、头昏脑胀、恶心呕吐、胸闷等情况,严重者会出现头痛剧烈、昏厥、昏迷、痉挛等。

中暑的处理方法包括:第一,轻度中暑:将患者置于阴凉通风处,解开衣领,并给予解暑药物。第二,病情较重:立即将患者置于阴凉处,使其平卧,如果出现痉挛,可给以含糖、盐饮料,并四肢作重推摩、按摩,头部进行冷敷;出现高热的症状,则应采取立即降温的措施。第三,针对昏迷者可针刺其人中、涌泉等穴,并立即送往医院治疗。

(七)冻伤

如果长时间在寒冷的环境中进行体育舞蹈学练,会导致冻伤的情况发生。

冻伤的处理方法包括:第一,第 1 度冻伤:迅速放在 38 ℃～40 ℃ 的温水复温。复温后,局部涂冻疮膏。第二,第 2 度冻伤:小水泡不要弄破;较大的水泡,在局部消毒后用针头刺破,然后包扎。如果出现溃烂的情况,可涂紫药水或消炎软膏后再包扎。第三,第 3 度冻伤:及时去医院接受治疗。

(八)休克

这是一种较为严重的运动疾病,体育舞蹈学练过程中要加以注意。休克时,会有精神萎靡不振、面色苍白、口渴、畏寒、头晕、四肢发冷,血压和体温下降等症状。严重者昏迷。

休克的处理方法包括:第一,将患者置于床上,并使其保持安静平卧,做好保暖工作。服热开水及饮料,可以通过针刺或点人中、足三里、合谷等穴加以有效刺激。第二,如果休克是由骨折等外伤的剧痛而导致的,那就需要给以镇痛剂止痛。第三,急救,并立即送医院救治。

(九)昏厥

在体育舞蹈学练过程中,脑部供血供氧不足会导致昏厥发生。昏厥前,病人会出现面色发白、头昏眼花、全身软弱无力的症状。

昏厥的处理方法包括:第一,平卧,头部稍低,松解衣领,做好保暖工作。用毛巾擦脸,同时进行重推摩和揉捏,位置为小腿到大腿。第二,如果病人仍然处于昏厥状态,则用指尖掐点人中穴给以有效刺激。第三,任何饮料或药物都不能给。条件允许,可以给氧气和在静脉注射 25%～50%葡萄糖 40～60 毫升。第四,如已经停止呼吸,则要立即采用人工呼吸的急救方法,苏醒后给予热饮料,保证其充分休息。第五,急救同时联系专业医生前来救治。

第九章　多元化的高校体育舞蹈教学模式

第一节　PBL 教学模式

一、PBL 教学模式概述

(一)PBL 教学模式理论依据

1.建构主义学习理论

建构主义学习理论是著名心理学家皮亚杰(Piaget)在 20 世纪 80 年代提出的。① 建构主义学习理论提倡，学习知识不只是由教师向学生的单向传授，也需要教师引导学生思考问题，在组织学生进行活动过程中促进学生知识水平的提升，重视学生的主动学习。对于教师来说，该理论的核心内容就在于教师教学不只是将知识传授于学生，也需要建构出一个相对民主宽松的教学环境，调动学生解决问题的积极性，激发学生兴趣。② 因此教师不仅是知识的传授者，也是教学过程的设计者、教学活动的组织者、学生学习的引导者。根据这项理论，学生需要主动地对知识进行建构，在学习新知识时，学生需要从以往的学习经验中形成对新问题的某种解释或推理，这不是凭空想象出来的，而是在原有知识基础上形成的。对新知识的建构也体现在小组合作学习过程中，由于每个人对事物的理解不同，通过小组明确分工、团结协作解决问题，可得到不同的知识。

2.人本主义学习理论

20 世纪五六十年代，人本主义学习理论开始逐渐发展起来，该理论

---

① 皮亚杰.发生认识论原理[M].王宪钿,译.北京:商务印书馆,2011:62-70.
② 吴楠.建构主义教学观对教学改革的启发[J].辽宁科技学院学报,2005(4):69-70.

是在马斯洛(Maslow)和罗杰斯(Rogers)等人的相关理论的基础上发展形成的一种学习理论。学习者是人,是有能力学习的,只是有的时候需要有人指点他们,教师就是帮助学习者顺利学习的人,所以该理论主张把"教师"这个词改成"学习的促进者"。[①] 人本主义学习理论强调不再以教师为中心进行非指导性教学,推崇以个人为中心进行学习,改变了以往以学科为中心的片面性。人本主义学习理论注重学生学习的情感因素,需要在教学过程中创造出有利于激发学生主动学习、培养自主探究能力的情景环境与真实问题,从而使学生潜力得到充分发挥。

3. 情境学习理论

情境学习理论是20世纪90年代继行为学习理论和认知学习理论之后提出的重要研究方向。情境学习理论认为,知识具有情境性,人们应该基于情境来习得知识。与言语传授的学习方式相比,情境学习能够让人们在一种真实而自然的情境中,潜移默化地习得大量的内隐知识,又在现实环境中自然而然地运用这些显性知识和内隐知识。[②] 情境学习理论强调情境与知识的相互作用,将知识问题以情境的形式呈现出来,注重学和用的结合,体现在学生借助具体角色的真实扮演,进行其所模拟的角色所要做的相关工作,和同学进行有效互动,进而确保学习知识的价值性上,所以创设学习情境时需要考虑了学生的真实年龄、性别、知识储备等条件后,再实施相关的问题教学。

(二)PBL教学模式概念及特征

1. PBL教学模式概念

问题为导向的学习(problem-based learning,PBL)是一种基于问题解决和学生参与的教学模式,旨在培养学生的自主学习、批判性思维和解决问题的能力。该模式强调学生在真实世界中面临的问题,通过小组合作、自主探究和实践活动来促进学习。

(1)PBL教学模式以问题为导向。在 PBL 中,教师提出一个开放性

[①] 黄宇星.信息技术环境下教师角色与能力结构分析[J].福建师范大学学报(哲学社会科学版),2003(6):122-125.

[②] 陈秋怡.情境学习理论文献综述[J].基础教育研究,2016(19):38-41,63.

问题或挑战,激发学生的好奇心和求知欲。这个问题通常是与现实生活相关的,能够引发学生思考和探索。问题的引入使学生认识到他们需要获取新的知识和技能来解决问题,从而激发他们的学习动机。

(2)PBL教学模式以学生为中心。学生在PBL中扮演主导角色,他们负责自主学习和解决问题的过程。教师的角色是充当指导者和资源提供者,引导学生的学习进程,不是简单地传授知识。学生通过小组讨论、合作探究和实践活动,自主构建知识框架、发展技能和培养解决问题的能力。

(3)PBL教学模式强调学生之间的合作与交流。学生通常以小组形式工作,共同探讨和解决问题。通过合作,他们可以分享不同的观点、经验和专业知识,相互激发思维和创意。这种合作和交流过程培养了学生的团队合作、沟通和领导能力。

(4)PBL教学模式还注重学生的实践和应用能力。学生通过解决实际问题,将所学知识和技能应用到实际情境中。他们通过实践活动、案例研究和现场调查等方式获得实际经验,加深对知识的理解。这种实践和应用能力的培养使学生能够更好地应对未来的挑战。

2.PBL教学模式特征

(1)明确主题,以问题为导向。教师根据教学目标和教学大纲构建教学框架,在构建的教学框架下明确教学主题,将系统完整的情境问题呈现给学生。问题情境是PBL教学模式的核心环节,在学生学习过程中起引导作用,问题情境设计的难易程度会直接影响学生的学习效果。教师在设计问题情境时应考虑到学生现有知识水平,这就要求教师在问题选取上有一定的把握,要明确主题,使学生容易理解,要将复杂的问题简单化、清晰化。设计问题的难度要有递进的关系,做到由浅入深、循序渐进,具有层次性,同时问题的提出要对学生的思维能力具有一定挑战性。问题情境可以将某个技术动作设计成教学案例,通过视频、图片、网络等多种形式表现出来,做到问题具有开放性。问题情境的设计要具有前后关联性,体育舞蹈动作之间在某个技术环节中往往存在一定的关联,在设计问题时要将问题前后联系起来,帮助学生在解决问题过程中回忆起多个知识点,使学生在原有知识认知的基础上不断分析与总结,不断进行自我思考、再思考的重复过程,能清楚认识到自我知识水平不足之处。这样,学生在问题情境中可以很好地丰富学习手段与方法,提高创新思维与解决问题能力。

(2)以学生为主体,小组合作学习。传统教学模式注重教师授课,学生被动接受知识,而 PBL 教学模式则强调学生是信息加工的主体,学生是问题的解决者、知识的建构者,学习过程中学生是主动控制者而非教师,在 PBL 教学模式下学生必须承担主动探索问题的责任。在教学过程中,教师只起引导帮助作用,教师可以根据情境问题难易程度及学生学习情况进行适当的提示,帮助学生适应 PBL 教学模式的学习方式。因此,在教学过程中以学生为中心是 PBL 教学模式的主要特征。PBL 教学模式是一种典型依靠团队协作学习的教学模式,由于教师将学习内容转变成问题情境在学习时存在一定难度,学生较难独自完成,问题往往无法解决,而依靠小组合作学习可以很好地解决个人能力不足的问题。小组合作学习可以集思广益、发挥群体作用,有利于解决问题,推动学习任务的完成。在学习活动中,由于学生思维逻辑不同、看待问题的角度不同,学生可以通过小组合作分工、协商讨论及制订学习计划,也可以选择互联网、图书馆、请教教师等多种方式解决问题,收集资料提出的解决方案也相对多样化,有利于学生对问题有清晰的认识,从而形成个人知识体系。

(3)多元化评价方式。PBL 教学模式采用一种多角度、多方面的以知识与能力发展并重的多元化评价方式,其将打破以学期末技能测试成绩为主的考评现状。多元化评价方式分为评价内容多元化、评价形式多元化两部分。评价内容多元化从单角度的技能水平评价,如动作标准度、组合完成度、表现力等方面,增强课上合作沟通能力、发现解决问题能力,从多角度对整个学习过程进行评价,旨在提高学生在课堂中的主体参与度及知识掌握程度,从而激发学生学习兴趣及促进学生与他人交流合作。评价形式多元化是由单一的教师评定到实现学生自评、生生互评、师生互评等多种评价形式相结合,目的是在教学过程中提高学生对知识的认知程度、对动作技能的掌握程度,促进师生之间的互动关系。

二、PBL 教学模式构建设计

(一)PBL 教学模式教学目标

教学目标也是教学预期,即教师的教授目标,也是学生的学习目标。课程教学内容的安排、教学组织形式的选择、教学评价标准的制定都要围绕教学目标来设定,因此要想构建 PBL 教学模式下的高校体育舞蹈课程,首先需要明确的就是教学目标。PBL 教学模式更加重视学生主体地位,强调学生学习的主动性、解决问题的自主性,要让学生直接参与教学过程。PBL 教学模式强调学生的"学与运用",这不仅要体现在课中,在课前、课后对学生也要提出具体要求,这与传统教学模式存在一定差异。设定的教学目标难度过大就会影响教学进度;难度过小则难以引起学生的学习兴趣。因此,为了使教学目标在实际教学中便于实现,教学目标的设定要难度适中,以保证教学目标的基本实现和课程教学的有序进行。表 9-1 为 PBL 教学模式的教学目标。

表 9-1 PBL 教学模式的教学目标

教学目标	对应培养
了解高校体育教学目标、体育促进健康基本知识、体育舞蹈运行文化	学习体育促进健康的知识点,体育舞蹈起源、发展
掌握运用体育舞蹈的基本动作技术(以恰恰舞为例)	(1)恰恰舞基本动作; (2)恰恰舞规定组合动作; (3)创编组合和进行实践与展示,参加与组织班级小型竞赛
提高分析解决问题能力、合作沟通能力	(1)布置课前预习作业; (2)辅助工具的运用; (3)小组合作学习; (4)课后作业
发展体能	各项身体素质达到《国家学生体质健康标准(2014 年修订)》的要求
促进心理健康,提高社会适应能力,培养终身体育意识	轮流担任组长,扮演不同角色

(二)PBL教学模式辅助工具选用

1. 微信 App

PBL教学模式不同于其他教学模式,需在课前由教师提前向学生提出本节课学习内容及问题,所以需要运用网络媒体进行辅助教学。微信是大学生现阶段必不可少的互联网应用软件,支持群聊,可即时发送和接收语音文字、传输视频图像,应用方便。一方面,学生在课前或课后用手机登录微信查看微信群中教师布置的问题,观看教师发送的视频、课堂录制视频等,方便快捷、节省时间,学生也可以关注体育舞蹈微信公众号,查看体育舞蹈相关信息。另一方面,一些高校已经实现了教室、宿舍、食堂网络全覆盖,这就给微信的使用提供了客观条件上的可行性。

2. 抖音短视频 App

抖音短视频是以15秒到5分钟的短片形式将视频内容呈现出来的App应用软件。抖音短视频App活跃度高、观众基数大,这也为体育舞蹈的宣传提供了便利,各大体育舞蹈协会、著名运动员、知名讲师等纷纷注册账号,通过记录国内外各大体育舞蹈赛事精彩瞬间、技术动作示范讲解、练习日常并以短视频形式进行分享,以供他人日常观赏与学习。抖音短视频App操作便利,在搜索栏中输入"体育舞蹈""恰恰舞"等相关信息后,会出现与搜索信息相匹配的用户与视频,可以根据喜好对用户、视频进行关注,后台会推送关注用户分享的视频,方便查阅。综上所述,抖音短视频App具有活跃度高、实用性强、操作便利等特点;有利于学生课前对教师所提出的问题进行搜索,课后对课上未能解决的问题或未能掌握的技术动作进行二次学习。

3. 应用策略

(1)"预"——课前准备。课堂教学的课前阶段是教师准备、学生预习的阶段。教师根据教学目标、教学大纲在课前确定教学内容,设计教学方案,通过微信公众号、抖音短视频App收集整理教学视频。教师可以将相关视频及理论内容在新课一周前上传至微信群,发布学习任务,要求个人或小组在课余期间通过手机观看视频进行预习。

第九章　多元化的高校体育舞蹈教学模式

(2)"看"——学习知识。在以往学习中,教师在课堂上直接传授知识,对于较难的知识点,学生可能无法理解,跟不上教师的教学节奏,导致在学习中出错,影响学习质量。引入微信 App 可以解决此问题,在微信群中既有动作讲解视频也有动作步伐文字,使学生对每个动作都能有清晰的了解与认识。学生在课后也可以反复观看查阅,加深印象。

(3)"查"——查找问题、解决问题。"查"具有两个意思,一是在微信公众号、抖音短视频 App 中查找解决问题的方法。如在队形编排上,学生根据已有学习经验无法编出新颖的队形变化,可以通过自行查阅,找到有关视频进行学习解决问题。二是学生每节课后找到教师拍摄的课堂视频进行自查,对比教师提出的意见,找出自己存在的不足,有利于自己学习水平的提高。

(4)"馈"——课后交流评价。一方面,课后教师会将各小组课堂展示视频传入微信群中,对每组的展示做出评价,指出不足,便于学生思考,起到帮助学生改正提高的作用。同时,学生可以进一步向教师提出疑问,通过教师的解答以及课堂表现来反思本节课的学习情况。另一方面,便于教师布置、收集课后作业。学生按照教师布置的练习作业进行录制并上传至微信群,有利于教师浏览、检查。

(三)PBL 教学模式教学流程

1. 课前

体育舞蹈运动具有特殊性,教师需要对理论知识与技术动作分别设计学习任务,为学生开展自主学习做好充足准备。课前教师在进行前期准备时,要根据教学目标及教学重难点,设计教学任务。为了激发学生学习兴趣,教师要通过微信群发放有观赏价值、表现力较强的视频,引导学生观看视频引出学习问题。在教师发布学习任务后,学生个人或以小组为单位进行课前预习,各小组应集思广益、主动讨论,组内根据计划进行分工,通过微信公众号、抖音短视频 App 进行查找或向教师请教等方法,寻找解决问题的方案,为课上组内实践学习提供必要前提。

2. 课中

课中分为教师引导、小组合作学习、展示比赛三个环节。首先,教师询问各小组课前预习情况，根据学生课前预习的具体情况，教师进行相应程度的动作示范与讲解。通过该环节，学生可以更加清楚地了解技术动作的规范性与动作的重难点，促进下一学习环节中技术动作的掌握与理解。其次，各小组根据课前的预习成果与教师示范讲解后的理解，带着需要解决的问题进行小组合作学习。小组合作学习环节是学生主体学习阶段，根据教师设定的问题情境与任务进入组内合作学习，各小组自行确定本节课学练方案，组长按步骤带领组员进行学练，在练习过程中组员相互交流，在练习中发现问题，围绕要解决的问题进行讨论，并在练习中验证问题是否已得到解决，如有组内无法解决的问题可以与教师交流。在该环节中，教师应对每组学练情况进行关注，教师可以流动观察，单独对小组需要解决的问题、疑点进行指导与讲解，引导学生边练习边思考，这样可以达到分层教学、节约时间的目的。最后，各小组汇报或进行小型竞赛展示学习成果，教师进行评价总结。成果展示或比赛后，各小组以投票的形式进行组与组互评，选出本节课展示最好的一组，各小组进行组内学生互评选出本节课组内表现最好的一位同学，借此来提高学生之间的竞争意识与合作意识。

3. 课后

课后教师将课上小组展示、比赛的视频发送到微信群中，对各小组的视频中的表现进行点评，指出优缺点，与学生一起互动沟通，共同解决学习过程中遇到的问题。教师在线布置课后作业，督促学生在规定时间内将练习视频传入微信群，对学生反馈的练习视频进行评价，指出优缺点。

(四)PBL教学模式评价设计

教学评价在某种意义上是对学生学习过程中表现的呈现，是教学过程中不可或缺的重要一环，它服务于学生知识储备的不断增加以及促进学生学习的有效进行。评价不能仅限于结果，更要注重评价学生构建知识的过程。为了使 PBL 教学模式在体育舞蹈选项课教学中良性发展，得到高效检验和有效评价，在结合国内有关教学评价研究成果后，笔者依据不同分类标准，形成针对评价对象、评价内容、评价方式、评价阶段、评价作用的多角度、多方面的、知识与能力发展并重的评价方法。这不仅能对学生课堂学习进行实际的判定，还能从整体上对学生在发现问题、解决问题，以及资料收集、实践探究方面进行综合性评价，旨在提高学生在课堂中的主体参与性及知识掌握程度，促进教学相长，促进教师和学生之间的互动，具体见表9-2。

表9-2 PBL教学模式评价分类表

分类标准	类型构成
评价对象	学生、小组、教师
评价内容	技能评价、情感评价、态度评价、能力评价、知识评价
评价方式	线上评价、线下评价
评价阶段	课前评价、课中评价、课后评价
评价作用	形成性评价、总结性评价、诊断性评价

1. PBL教学模式评价方式

PBL教学模式评价方式分为线上评价和线下评价，评价的主体都是教师与学生。线上评价的主要工具是微信App，课前教师依据教学目标将事先设计好的问题与视频发布到微信群，课后将学生课后作业传入微信群，教师根据学生自行汇报预习成果和课后视频回收结果进行评价，对学生未解决的问题进行解答，或指出动作练习时存在的不足，进行诊断性评价。学生在得到教师评价后，根据教师对问题的解答和动作纠正进行自评、自省，对问题和动作产生新的认识与理解，在线与教师沟通交流进一步学习的过程事实上就是一个形成性评价的过程。线上评价不仅有利于教师督促学生主动学习，也有利于教师对学生学习情况进行监督。线下评价主要是在课堂中完成的，在课中阶段，教师选择集体或个别进行评价，这种评价更为灵活，教师可以根据实际教学情况而定，使教师讲解与示范时间减少，增加学生参与探究和实践活动的时间。在课中阶段，教师可以针对某一小组或某一位同学的动作学习进行评价，收集大部分同学容易出错的知识点，这有利于教师对本节课做出总结性评价。最后在下课前发放评价表，教师、学生对本节课的学习情况进行评价，实现对课堂学习情况的综合评价。

2. PBL教学模式评价标准

评价标准是决定教学评价设计是否合理的因素之一，在制定评价标准时需要考虑到学生的个体差异,评价标准的构成要符合教学目标与学生的学习情况。PBL 教学模式评价标准由课堂学习、课前后作业、技能测试三部分构成,每部分都占相应的百分比。其中课堂学习评价由教师评价、组内互评、学生自评组成,这说明了对人性化评价的高度重视。教师与学生作为评价主体共同参与多种评价,能够很好地反映学生课堂学习和技能掌握的实际情况,最终形成综合性的评价。具体见表 9-3。

表 9-3 PBL 教学模式评分标准表

评价构成	评分要求
课堂学习（40%）	为了更好地对课堂学习情况进行评价,每堂课后评价对象各自填写评价表,本课堂学习总分=教师评价(40%)+组内互评(30%)+学生自评(30%)
课前后作业（20%）	课前作业以视频预习、搜索问题相关资料为主,教师根据课上展示、提问回答正确情况进行打分；课后作业以技术动作练习为主,教师根据动作完成程度、完成质量进行打分
技能测试（40%）	技能测试由规定单人组合、小组自编组合两部分成绩组成；评分标准以体育舞蹈课教学大纲中技能考试评价标准为主

三、PBL 教学模式案例应用设计

下面以恰恰舞方形步、规定组合、自编组合为例介绍案例设计。方形步的重心移动动作需要依靠膝、踝关节的屈和伸的转换,身体中段收紧快速完成,需要特别注意的是具有横向、纵向移动的步子,对学生重心的稳定性和脚步的速度要求较高,掌握较为困难。这也使方形步在恰恰舞基本步中具有代表性,因此将方形步作为案例之一。规定组合采用的是恰恰舞单人铜牌组合,由 37 小节、8 个舞步组成,就要求学生在保持动作标准、音乐节奏正确前提下,不出错一次性完成组合动作,这对学生基础能力提出了较高的要求,也是检验学生恰恰舞基础能力的手段之一。自编组合要求在规定的课时内小组通过合作在规定音乐中进行 50 小节的组合创编,必须满足队形变换、动作编排等要求,这能充分展示学生的合作沟通能力、创新能力。

第九章　多元化的高校体育舞蹈教学模式

(一)方形步案例设计

1. 学情分析

从知识基础角度来看,学生已经知道原地换重心、左右恰恰追步的技术要领,也初步掌握了两个舞步的步伐、脚法、拍值;从思维水平角度来看,学生学习完原地换重心、时间步后对恰恰舞产生了浓厚的学习兴趣,逐渐理解动作之间的贯通性,同时具备了一定的构建思想,但学生探究问题的能力及合作沟通能力有待加强;从认知角度来看,学生在跳舞时习惯于向一个方向移动,不擅长向多个方向移动,这与人的身体以及思维的惯性有关,对于初学者来说这种惯性的影响较大。

2. 问题情境设计

课前教师将本节课学习内容方形步视频传到微信群中并公布课前预习问题,观看视频结合已学动作对比方形步:方形步包含了哪几个动作?方形步每个步伐的节奏、拍值是什么?方形步向前2&3、向后2&3拍值动作接横向移动时怎么衔接?教师要求各小组提前通过微信公众号或者抖音短视频App等相关平台收集资料,对恰恰舞方形步具有初步了解。课中教师先对恰恰舞方形步进行无音乐伴奏下的动作示范与讲解,提示此步的动作重难点,引导学生建立正确动作表象。之后,教师交代本节课学习内容,引出问题:向前方形步,切克动作如何保持身体平衡,身体重心在什么位置?向后方形步后退时重心在什么位置、该拍值脚法是什么?之后教师宣布进入小组合作学习环节。经过20分钟的小组学习后,教师叫停各组并进行有音乐伴奏下恰恰舞方形步的动作示范,引出下一个问题:恰恰舞音乐节奏较快与无伴奏练习相比,需要改变什么才能做到动作标准并且膝盖伸直、绷脚背?各小组带着问题进入下一阶段的合作学习,该阶段教师循环播放音乐,各小组自行跟随音乐进行完整动作练习。

3. 学习要求

(1)每个小组根据问题课在前进行资料的收集与整理,课中小组合作探究问题、解决问题。

(2)在小组合作环节,教师会进行巡视与提供帮助,小组应将无法解决的问题主动与教师进行交流解惑。

(3)本节课结束前以小组为单位进行展示或以比赛形式汇报学习成果。

(4)对自己、小组成员学习情况及其他小组展示情况进行评价。

(二)规定组合案例设计

1. 学情分析

从知识基础角度来看,学生已经知道所有恰恰舞基本动作的技术要领,也熟练掌握了各个动作的步伐、脚法、拍值;从思维水平角度来看,学生对恰恰舞学习积极性较高,已理解动作之间的贯通性、相似性,同时具备了一定的构建思想,学生探究问题的能力及合作沟通能力得到了有效加强;从认知角度来看,学生对恰恰舞已有深入的了解,对单个动作具有一定的理解,但不擅长将多个动作组合起来,容易忘记动作顺序。

2. 问题情境设计

课前教师将本节课学习内容规定组合视频传到微信群中并公布课前预习问题:规定组合包含了哪些动作?每个动作有几个音乐小节?起舞和谢礼动作要领、拍值是什么?要求各小组根据本节课要解决的问题,提前通过微信公众号或者抖音短视频 App 等相关平台进行资料收集。课中教师先对规定组合进行无音乐伴奏下的动作示范与讲解,引导学生建立正确动作表象,教师交代本节课学习内容,引出问题:动作之间的衔接该怎么处理?教师宣布进入小组合作学习环节。经过 20 分钟的小组学习后,教师叫停各组并进行有音乐伴奏下恰恰舞规定组合示范,前半节课各组按照问题进行合作学习,后半节课教师循环播放音乐,各小组自行随音乐进行完整动作练习。

3. 学习要求

(1)每个小组根据问题在课前进行资料的收集与整理,课中小组合作探究问题、解决问题。

(2)在小组合作环节,教师会进行巡视与提供帮助,小组应将无法解决的问题主动与教师进行交流解惑。

(3)本节课结束前以小组为单位进行展示或以比赛形式汇报学习成果。

(4)对自己、小组成员学习情况及其他小组展示情况进行评价。

(三)自编组合案例

1. 学情分析

从知识基础角度来看,学生已经掌握了所有基础动作以及规定组合,具备较好的基础能力;从思维水平角度来看,学生具有较强的解决问题能力及有较强的合作意识,思维活跃并勇于接受挑战;从认知角度来看,学生实现了认识的"现有发展水平"上升到认识"潜在发展水平",同时能够完成自我知识的构建与自我能力的超越与发展。

2. 问题情境设计

课前教师将本节课学习内容规定组合视频传到微信群中并公布课前预习问题:认真观察两个视频,注意视频中运用哪些队形变化?怎样编排能使组合美观?要求各小组根据本节课要解决的问题,提前通过微信公众号或者抖音短视频 App 等相关平台进行资料收集。课中教师先对编排组合资料进行解读后,交代本节课学习问题:编排组合要注意哪些地方?在变换队形时怎么保持队伍整齐?教师提示注意事项后宣布进行各小组自编环节;前半节课各组按照问题进行合作学习,后半节课教师循环播放音乐,各小组自行随音乐进行完整动作练习。

3. 学习要求

(1)每个小组根据问题课前进行资料的收集与整理,课中小组合作探究问题、解决问题。

(2)在小组合作环节,教师会进行巡视与提供帮助,小组应将无法解决的问题主动与教师进行交流解惑。

(3)本节课结束前以小组为单位进行展示或以比赛形式汇报学习成果。

(4)对自己、小组成员学习情况及其他小组展示情况进行评价。

第二节　个性化教学模式

一、体育舞蹈的个性特征及其体现

(一)体育舞蹈的竞技性的突出特征及体现

体育舞蹈不仅是风格独特、难度大的舞种,也是国际性的比赛项目,它与很多竞技体育项目一样,需要运动员在规定的条件下完成动作,展示自己的才华,得到评委认同。世界舞蹈及体育舞蹈理事会(WDDSC)每年都会举办国际标准舞等不同项目的比赛。在体育舞蹈的部分,每年都有世界各地的运动员齐聚一堂参加盛事。近些年,随着竞技水平的提高,体育舞蹈的难度也不断增大,动作越来越新颖、独特,技巧也越来越创新。中国体育舞蹈联合会每年也会举办各种大大小小的比赛,随着参与人数的不断增多、参赛者技术水平的不断提高,中国的体育舞蹈也在竞赛中取得各种创新。

(二)体育舞蹈独有的风格特征及体现

体育舞蹈之所以难度较大,是因为它是多种舞蹈的总和,既要有现代舞的典雅含蓄和表现力,又要有民族舞、芭蕾舞的基本训练功底,还要有爵士舞、机械舞中的爆发力。体育舞蹈又有自己独特的一面,从审美的角度看,体育舞蹈要刚柔并济、动静结合,男士和女士必须做到相互承托,才能相得益彰,动作上要错落有致,静止并非绝对的静止,而是身体无限延伸,才会给人连绵不断、行云流水的感觉。

(三)体育舞蹈的配合默契的特征及体现

体育舞蹈需要男女两个人搭配舞蹈才能完成技术动作,因此要求双方结成舞伴,相互配合默契,不仅要做到动作协调一致,往更高的要求上看,还需要双方在形象气质、舞蹈风格、表现力上充分搭配。摩登舞基本以男士引带为主,女士需要跟随,舞伴之间不仅要相互熟悉对方的力量程度、发力方式、习惯动作,还要有信息传递,能够做出灵敏的反应。因此男女舞伴需要在长时间的配合和磨合中找到共同点,达到生理和心理的一致,这样才会有密切合作。

(四)体育舞蹈的技术规范的特征及体现

体育舞蹈早期是由民间舞和宫廷舞转化而来的,是由英国皇家舞蹈学院进行编排、综合改进形成的一套具有自身完整系统的规范性舞蹈。在比赛中,技术规范主要体现在:不论是拉丁舞还是摩登舞,技术结构需要严格、完整;每种舞蹈的手势、站位、步伐、造型都必须按照严格的技术规格完成;场地的设置、灯光的配合、运动员的服饰妆容也都有严格的规定。因此可以说,体育舞蹈是严格规范的舞蹈项群。

二、构建体育舞蹈个性化教学模式应把握的教学原则

(一)因材施教原则

所谓因材施教,就是教师要从学生的实际情况出发,使学生的知识水平和接受能力适应教学的深度、广度和进度,同时要考虑到学生的个性特点和个性差异,使每个人的潜能得到最大限度的发挥。因此,了解学生个性特点是因材施教的基础。在体育舞蹈课堂上,教师可先根据学生的大致情况,做好体育舞蹈的知识普及,再根据学生的不同情况,对态度积极、勤学好问的学生给予个别辅导,对于精力不集中的学生可以用暗示、提问的方式培养他们的自控能力。

(二)教学相长原则

所谓教学相长,就是教与学两个方面相互影响、相互促进,使之都能够得到提高。陶行知在《教学做合一》中提到:"做先生的,应该一面教一面学,并不是贩买些知识来,就可以终身卖不尽的。"在师生共同生活中,教师必须力求进步。很多好学的学生往往在学问上和修养上经常以教师为目标,与教师竞赛,这就需要教师也不断提高自己的知识水平、技能水平、修养造诣,在学问和修养上给予学生帮助和促进。为人师表就需要教

师不断勉励自己,知道自己有不足的地方就要及时补上,更好地完善自己,也便于根据学生个性安排不同的教学方法和内容,使自己清楚如何合理教育学生。

(三)系统性原则

任何教学模式都应该有一套系统化、结构化的方法和策略体系,教学模式是对该教学活动系统的各个方面进行综合考量、整体规划的结果,是对整个教学活动的完整反映。捷克教育家夸美纽斯(Komensky)在《大教学论》中强调:"秩序是把一切事物教给一切人们的教学艺术的主导原则。"因此,在构建体育舞蹈教学模式的同时应注重总体的把握,按年级、按阶段逐步有效地提高学生对专项技能的把握程度。在教学活动的不同环节,不宜等量齐观,要突出重点,带动一般,以简驭繁,举一反三。教师应对教学原则、教学内容、教学目标、教学方法、指导思想、组织形式、教学评估等教学活动的各个项目进行全面设计,使其中的各要素相互配合,形成一个优化组合的完整的教与学活动系统。

(四)有效性原则

有效性原则要求教师在体育舞蹈课程设计中,注重课堂效率,能让学生在最短的时间内学到最多的知识。学习使学生获得发展,使学生的知识、技能、能力得到提高。体育舞蹈课程时间是有限的,要想使学生在有限的时间里学到最多,完全掌握显然难度较大,可以根据培养目标和计划在内容设置上予以区分,因地制宜、因人而异优化课程内容,使学生在技能以及知识水平上得到有效提高。

三、体育舞蹈个性化教学模式的选择与构建

(一)影响教师选择个性化教学模式的因素

不同的教师,在不同的教学实施背景下,会依照个人的教学习惯来选择不同的教学方法。对于教师的个性化教学方法,可以将以下几方面作

为切入点来进行研究。

1. 教学风格

教学风格一般是指教师在教学时所采取的一贯的方式、方法,主要表现在教学语言、教学内容的组织安排上。对于体育舞蹈这种偏重技术性的课程来讲,教师的风格特点对学生的学习影响颇为深刻。

语言是人类重要的交流工具,在课堂上,教师向学生传授技能的主要途径便是语言。口传,即口头传递的方式,也是教师教学的重要方式。体育舞蹈教师用言语表达,配合动作示范传授给学生技术特征、动作要领、身体感觉以及对音乐的理解等。教师的语言特点在一定程度上体现着教师的教学风格特点。例如,有的教师语言幽默诙谐,有的语言严肃刻板,有的语言丰富多彩,有的语言简洁利落。而在"身授"过程中,教师除了示范舞蹈的动态形象之外,还有重要的一点便是教师本人的形象,这也是影响学生学习的因素。例如,在课堂中,教师的衣着发饰,教师的习惯舞蹈动作,都会给学生留下深刻的印象。所以教师应为人师表,一方面要坚持上舞蹈进修课,坚持练功,保持较好的形体和体力,保持舞蹈所需要的协调性,另一方面要努力提高自己的思想境界、理论素质和文化修养。

2. 教学态度

对于学生来说,教师的教学态度是影响其学习的重要因素。教师对学生知根知底,善于启发,教育因此具有极强的针对性。教师要立足现实,洞悉学生心理,循循善诱,采用启发引导的教育方法,这对于贯彻实施新课程改革具有重要的启示意义。体育舞蹈教师动作示范准确、优美,学生就会很快地领会动作要领,在学习时就会感兴趣,认真练习。反之,教师讲解含糊不清、啰唆重复,示范动作不准确、不优美甚至有失误,就会影响学生学习的积极性。因此教师在上课前应仔细备课,对每次课堂练习要有充分的准备,合理安排每次课堂的运动量,练习密度要均匀,教学方法、手段也要根据学生的情况不断改进,这样会对学生产生很强的吸引力。教师要放低自己的姿态,真正把每一名学生当作自己的朋友。体育舞蹈教师要有开放的教学理念,不管是在教学内容还是在教学方法的设计上,都应该以开放的胸怀尽量让学生百花齐放、百家争鸣,用公正、严谨、亲切、开放的教学态度接近、鼓励和引导学生,让学生在和谐的教与学的环境中成长并获取知识。

3. 技术特长

体育舞蹈一共包括十个舞种,每一舞种都有自己不同的风格。如华尔兹,要展现高贵、优雅与柔和的气质;而探戈需要展现刚柔并济、与舞伴的对抗和协调;在拉丁舞中,伦巴需要缠绵、柔美的延伸,恰恰舞需要速度与力量的爆发。教师也有自己的特长,不是每位教师都能完美演绎每一舞种,有的教师喜欢高贵典雅,有的喜欢苍劲有力,有的擅长内力的延伸,有的擅长短暂的爆发。教师都会对自己擅长的一面多加修饰,因此教师的技术特长是影响教师选择教学方法的重要因素。

4. 年龄、经验差别

在教师队伍当中,年龄的差别也是影响教师选择教学方法的因素。年纪较大的教师喜欢用语言法传授知识,而年轻的教师运用"示范"方法的比较多。在教学经验方面,经验丰富的教师,面对不同的学生和不同的教学环境,教学方法的选择比较多样,而经验不足的教师选择面就比较窄。在这里说明一点,年纪和教学经验不是成正比的,并非年纪较大的教师教学经验就丰富一些,教学经验的丰富程度是通过教师的从教时间、教学经历、个人能力来体现的,不只年龄这一个因素。

5. 教学实施的背景

教学实施的背景可以理解为不同的课程性质。将课程按照性质分类可总结出三种不同的实施条件:一是按教学阶段分类,可分为教学初期、教学中期和教学后期;二是按课程类型分类,可分为新授课,复习课,复习与新授课(综合课),模拟、考核课;三是按授课人数分类,可分为大课和小课。具体如图9—1所示。

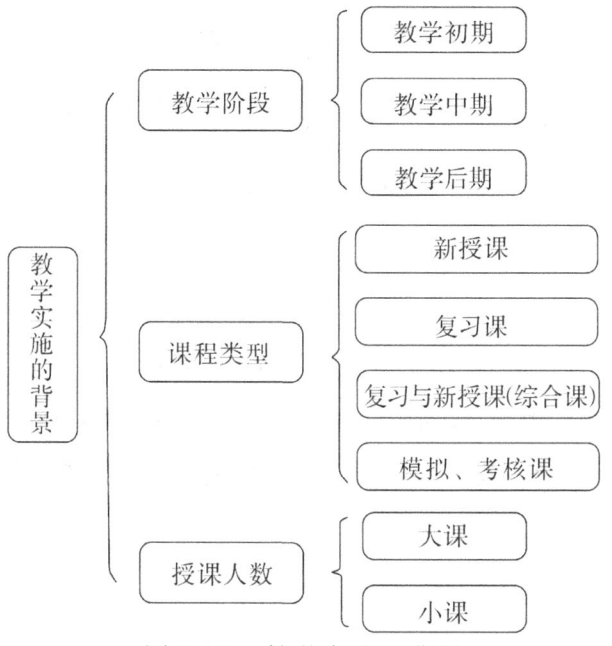

图 9-1 教学实施的背景

教学实施的背景分为三种。其中,教学阶段、课程类型和授课人数这三种性质又可以理解为包含与被包含的关系。例如,将"教学阶段"作为一种广义的背景条件,那么又可在教学初期、中期和后期时将课程类型做分类,课程类型分类后又可将授课人数作为细分的标准。具体如图 9-2 所示。

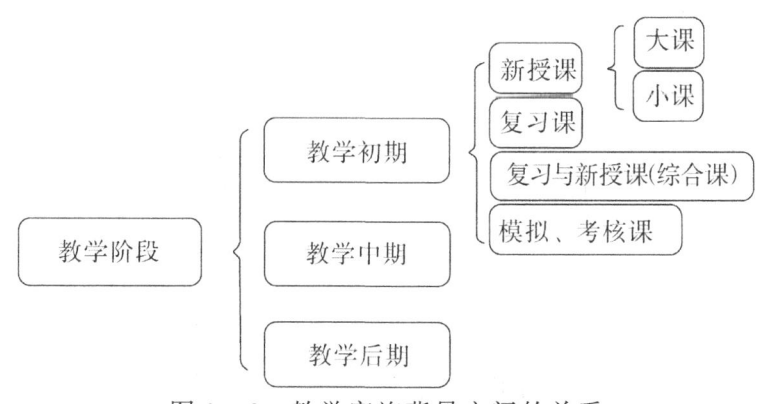

图 9-2 教学实施背景之间的关系

6. 学生的个体差异

学生的个体差异可归纳为以下几点,具体如图 9-3 所示。

图 9-3 学生的个体差异

教师在选择教学方法时，要着重考虑学生的个体差异。教师要以学生为主体，尊重个体差异，在不同的教学实施背景下尝试构建分层的个性化教学模式。

(二)以学生为主体,构建分层的个性化教学模式

构建分层的个性化教学模式的基本环节如图 9-4 所示。先把握明确的教学指导思想，以人为本，把学生放在主体位置上，设定教学目标，再通过教学实施的不同背景，选择不同的教学方法，从而研究出分层教学的个性化教学模式。这种教学模式注重的是最大限度关注和尊重学生的个性差异，可借助先进的教学手段和方法，研究出符合学生个性的培养模式。

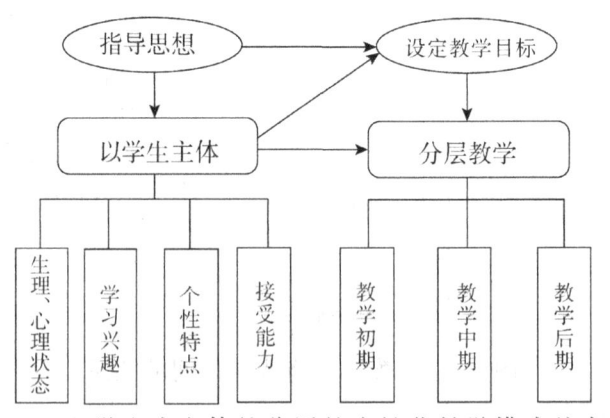

图 9-4 以学生为主体的分层的个性化教学模式基本环节

第九章　多元化的高校体育舞蹈教学模式

1. 针对初期阶段

（1）对于基本功的训练。在教学的初期阶段，体育舞蹈教师都会选择以语言法或者直观法来引导学生。如摩登舞基本的架型，技术的首要元素是正确的身体姿势，两人的身体皆应感觉到延伸。一开始，两人各自重心皆应在脚的前部，男士身体挺直，女士身体从足部产生柔和的向上弓形弧线，这个弧度应将她的腰与臀部带向男士的中间，且上身从中线形成向外展的弧度。女士的臀部必须向上且向前延展，良好控制的女性身体弧线代表着优雅的女性美，过度夸张的弓状会降低优雅度。此时，教师应选择直观法中的示范法，将正确的握持姿势演示给学生看，并且配合语言法，必要时搭配直观法中的图示法，将两人的握持方法和身体位置讲述给学生。握持完成时，效果应该是强调男士的气概及女士的柔和，男士的手臂虽是放松的，但看起来是支撑的，同时女士的手臂要像丝巾般轻柔，唯有轻柔，才能在不破坏男士的手臂及背部线条下，完成两人相关位置的变化。有的学生在练习握持姿势时，会有一些误区，例如男士会挺腹部，男士刻意将手肘抬高，女士双肩上提，女士的臀部过分外翘等。这些错误都会影响摩登舞架型的美感。此时，教师就要依照学生的个别情况，为每对学生进行个别辅导，纠正学生的错误，给他们以正确的引导。

（2）对于等级规定套路的学习。体育舞蹈十支舞的等级规定套路是基本组合性套路，是经过体育舞蹈专家精心设计，通过国际体育舞蹈组织认可，由体育舞蹈官方规定的具有权威性和科学性的组合套路。对于学习初期的学生，每段组合对每一个具体的技术动作都有严格的要求和标准，细致到步法名称、节奏、脚法、步位、方向、旋转角度和双人位置关系等。等级规定套路的学习是学生从基本舞步学习阶段跨越到成套动作学习阶段最有效的教学过渡阶段。因此，教师应该详细、细致地选择套路组合。学习等级规定套路能使学生逐渐熟悉和适应双人配合，了解基本步在套路中的运用方法和规律，形成一定的知识积累，为套路的学习做好铺垫，也能让教师在学生演绎相同的套路动作时，发现学生的个别问题，从而更准确地针对个别问题进行辅导。

2. 针对中期阶段

(1)自主编排花样表演性套路。体育舞蹈是由无数个被加工过的身体动作组合而成的,是一个具有时间性和空间性的非周期运动项目。从一个最基本、最简单的动作,到几个动作的连接,从一个组合到完整的成套动作的形成,都是在同类动作的重复、发展、变化和不同类动作的配合、衔接、交替中呈现的。体育舞蹈的编排设计体现在动作流畅新颖、表演者运用自如上。由于体育舞蹈的十个舞种风格迥异,因此整个动作设计要体现舞种的基本风韵,并且有一定的技术难度。教师在教学中可以教授片段性的组合,在学习优秀运动员的动作、积累一定素材的前提下,使学生充分发挥想象力,运用自身掌握的技术结合教师的启发进行动作创编,提高学生对舞蹈的认识,更重要的是启发学生结合自身条件以及自己的表现风格进行改编,形成自己的表演风格。

在学生学习的中期阶段,教师可根据学生的学习情况,编排一些由简到繁的成套动作。此时教师运用较多的是直观法中的示范法或者练习法,侧重点在于练习法,对于学习中期阶段的学生来说,当其在基本技术掌握差不多的时候,教师可适当放宽对他们整体的训练,而用更多的自主学习时间代替大班授课形式,将小课形式逐步引入学生的学习过程中,让学生更了解自己的优缺点,让每位学生都能准确地扬长避短,针对问题,各个击破,更有效率地学习。对于整体学生的学习中期阶段,教师还应该把握新授课与复习课的区别,教师可衔接学习初期继续进行基本功的复习课,而新动作的教授、套路的编排设计等便成为学习中期阶段的新授课。教师只有在此时做好时间上的合理安排,才能顺利完成教学任务。

(2)教学实习。探索法在此时运用较多,教学实习强调就业体验式实习。可通过就业体验式实习来完善和充实教学内容,这样就避免了纯理论教学或纯技术教学的枯燥无味,避免了出现理论与实践的脱节。在提高学生对体育舞蹈专业的意识和兴趣的同时,又能培养学生的自主自律的意识和能力,培养学生的创造力和勇于挑战的精神,培养学生的务实能力。实习也是检验学生知识、能力的重要一环。通过实习学生能将体育舞蹈专业学以致用,发现自身的不足,从而进行有针对性的学习。

(3)观摩及比赛。教师运用竞赛法,创造学生亲临比赛现场的机会,观摩或者参与能够使学生近距离感受竞赛的氛围,这不仅是对其理论学习的实践,也是对其技能学习的考验,可使学生提高对比赛的兴趣。参与比赛能使学生的技能得到检验,也能以赛带练,促进学生学习技术,提高学生对专项技术的运用能力。

(4)表演经历。表演实践是学生能力的检验,能使学生获得一定舞台经验。表演需要根据不同情境而设计不同的主题和内容,这就需要学生进行舞蹈创编。这个过程能充分锻炼学生对于体育舞蹈创编理论知识与体育舞蹈基本技术技能相结合的实际运用能力,较全面地培养学生的专业综合素质。表演经历分为校内表演和校外表演。

3.针对后期阶段

(1)技术考核。①考核内容。有单人技术动作考核和双人技术动作考核两部分。单人技术动作考核以基本技术为核心,主要考查伦巴舞、恰恰舞、华尔兹、探戈四支舞蹈的基本步和等级规定组合。双人技术动作考核以十个舞种的表演性成套动作为考核内容,考查基本技术的运用。②考核标准。一是基本技术。各种步伐的方向,脚与地板接触步位准确,脚步时间值准确,运动过程中姿态准确漂亮,舞伴之间体现出平衡和稳定。二是音乐表现力。对不同的舞种节奏清晰,对音乐风格有较好的理解,能跳出音乐的境界。三是体育舞蹈舞种风格体现。能细致区别各种不同舞种风格、韵味上的差别,能有个人风格体现。四是临场表现。能保持良好的状态,表现出舞者的气质、风度、仪表的总体形象。

(2)技术提高。教师在教学的后期阶段,除了对学生的学习成果做考核之外,还要对学生的技术"趁热打铁"。在体育舞蹈这种技术性的项目里,比赛是检验技术的最好方法。教师在上课时可对学生进行模拟比赛,从中发现学生的技术弱点,为提高技术水平提供参考。

发展个性、培养兴趣和养成运动习惯是终身体育、健康体育追求的目标,因此个性发展问题不容忽视。为发展和培养学生的个性,教师应该加强各个方面的学习和研究。特别是体育舞蹈教学,更应加强教师技能的培训和促进教师继续学习,使教师认真面对教学和实践,这是体育舞蹈个性化教学模式构建的关键问题。因此,在编排教材和选择教法以及组织形式上,要把因材施教原则与教学相长原则结合起来,在充分考虑学生的兴趣特征、个性需求的前提下,遵循教学目标与任务的要求,以学科发展来迎合学生个性发展,以学生个性发展来促进学科发展。

第三节　翻转课堂教学模式

一、高校体育舞蹈应用"翻转课堂"的SWOT分析

(一)优势(Strengths)

1. 学习平台网络化

信息化环境的建设,为更好地改善教学提供了契机。传统的体育舞蹈教学平台属于物理平台,依靠学校提供的练习场所实施课堂教学。而翻转课堂的实施,实质上建立在信息技术飞快发展的基础上,需要网络环境和数字化学习资源,或者说依靠网络化平台的支撑。课前教师通过网络化平台提前上传制作好的体育舞蹈教学视频,学生则通过手机、计算机从网络上下载这些教学视频,更清晰、更直观地学习和领会体育舞蹈的动作要领和特征。同时将课堂上的互动交流拓展到网络空间,师生交互的方式更加实时化、连续化和信息化。对于有条件的高校,甚至可以建立本校网络化的学习管理系统,作为实施翻转课堂教学的基础性平台。该平台不仅可以展示教学资源,还可以动态记录学生的学习过程数据。教师通过学习数据的分析,可以提前掌握学生学习状况。这较传统体育舞蹈

课前预习情况而言,无疑有很大的进步,可以促使教师改进课堂教学方式,提出更有针对性的策略,为学生提供个性化服务。网络化平台本身又具有开放性,大学生可以借此拓展体育舞蹈课外信息,这与大学生对现代信息技术的需求高度契合,对培养学生学习兴趣、提高教学效率作用明显。

2.学习安排自主化

体育舞蹈教学和高校其他体育教学一样,教学模式开始部分讲专业理论知识,然后进行动作示范,再由学生进行练习,教师巡回辅导。这种固定的教学方法,强调以教师为中心,在教学过程中,更多追求的是学生在体育舞蹈练习形式上的统一性,注重讲授体育舞蹈技能,片面强调体育舞蹈的健身价值,没有充分展示体育舞蹈特有的魅力,较少顾及大学生学习体育舞蹈追求时尚、增进社会交往、开拓艺术视野、塑造个性美的初衷,忽视学生个性化需求。如乐感较差但又想学习体育舞蹈的初学者,需要花大量时间从音乐欣赏、基本舞步等体艺基础开始,循序渐进地开展练习。翻转课堂教学的实施,很好地改变了这种状况,使大学生可以根据自身情况,自行掌控学习进度。一是自由规划时间学习教学视频,大学生可以较轻松地投入学习之中;二是自由掌握学习的进度,做到自主掌握学习节奏,如对比较复杂的舞步,可以通过对体育舞蹈视频的重播、慢放、暂停等功能的使用,实现对该动作有针对性的重复学习,直至掌握,避免了课堂教学中出现学得快的嫌教得慢、学得慢的怕赶不上的"两极分化"局面;三是自主拓展学习内容,实现独立探索,满足大学生个性化需求。[①] 如一些活泼好动的男生想了解如何学习恰恰舞、牛仔舞等幅度大、节奏快的舞蹈,可以通过网络平台获取相关教学资源,实现对体育舞蹈信息的课外拓展,丰富自己的知识。通过上述自主实践的安排,大学生实现了"我的学

---

① 郭小莉.普通高校体育舞蹈应用"翻转课堂"的 SWOT 分析[J].黄山学院学报,2016,18(3):79—82.

习我做主",最终学习自主性增强,参与感提升,获得感更大,彰显了学生主体性的原则。

3.教学过程互动化

传统的体育舞蹈教学模式实行大班制,再加上强调规范统一性,不允许学生之间过多交流,基本上都是教师讲解,属于典型的单向灌输。不认真听课或听不懂的学生,只能简单模仿旁边同学的动作。从教学实施流程来说,传统的体育教学知识传授在课堂上由教师来完成,而知识内化则主要依靠学生课后完成。翻转课堂则将知识传授阶段前置到课前,主要由学生自主安排,而在课堂上实现知识内化。翻转课堂知识内化最主要的途径就是建立互动机制,包括师生之间、生生之间的互动。师生之间建立个性化的沟通互动,对于体育舞蹈学习来说尤其重要。如学生在练习拉丁舞的原地基本律动作时,因要进行大量的重复练习心生厌烦,而教师适时对其开展个性化的沟通互动,无疑会提升学生的信心和动力。在学生之间成立若干小组,便于学生在集体练习时相互交流,这样既能巩固学生所学的舞蹈知识与技能,又能提高彼此鉴赏舞蹈美的能力,甚至可以临时创造出一些新颖、别致的舞蹈动作。此时教师则应以一个欣赏者、鼓励者的角色参与其中,再适当组织小组之间的竞争,让学生在欢快的气氛中,展示所学,表现自我,最终实现知识的内化。

(二)劣势(Weaknesses)

首先,翻转课堂应用在我国尚处于起步阶段,国外翻转课堂一般认为兴起于2007年。我国2011年下半年开始在少数学校展开探索,翻转课堂在实践中最初多运用于理科,后逐渐扩大至文科,在体育方面的实践探索则较少。总体来说,各个学科对翻转课堂实施尚处于探索阶段,理论上未成体系,实践中也没有明确的成果。由于没有成熟的理论体系予以指导和明确的实践经验可以借鉴,高校体育舞蹈课程实施翻转课堂,只能靠学校、教师和学生一起努力探索,寻找出路。

其次,优质教学视频资源稀缺。体育舞蹈网络化平台的载体主要是教学视频,优质的体育舞蹈教学视频不仅可以使学生欣赏体育舞蹈之美,激发学习兴趣,还可以让学生产生直观印象,通过自发的不断练习实现技能的初步掌握,从而起到知识传递的依托和引导作用。教学视频具有短小精悍、信息明确、针对性强的特点,可以在学生注意力集中的时间范围内,针对一个特定的教学内容,提供清晰明确的教学信息,引导学生在课前更好地参与,自觉接受知识传送。翻转课堂教学模式之所以在2007年后才在美国逐渐流行,一个极大的推动因素是可汗学院的出现。可汗学院实际上是一个可以提供各学科优质教学视频的公益性教育网站。我国目前也有类似的网站,比较知名的是2013年由华东师范大学牵头成立的针对中小学的C20慕课(MOOC)联盟和2014年上线的中国大学MOOC学习平台。对于教学视频的MOOC资源,教师可以充分吸收借鉴教学经验,丰富自己的课程教学内容,学生学习的拓展面可以拓宽,选择性就更大。体育MOOC资源的缺乏,在很大程度上制约了翻转课堂在我国包括高校体育在内的各个学科的应用推广。

(三)机会(Opportunities)

1. 体育教学改革氛围渐浓

体育教学改革是体育学界多年来关注的热点。体育新课改实际上就是要通过教学方式的创新,教育培养学生成为道德健康、心智健全、人格独立、个性良好的"现代化的人"。高校体育是我国学校体育的最高层次,高校中又有许多推动学校体育改革的中坚力量,这也就决定了高校体育教学改革更愿意尝试或探索新的教学模式,这为翻转课堂在高校体育舞蹈教学的实施创造了良好的氛围。

2. 高校信息环境日益完善

我国《教育信息化十年发展规划(2011—2020年)》指出,"教育信息化的发展要以教育理念创新为先导,以优质教育资源和信息化学习环境建设为基础,以学习方式和教育模式创新为核心"。多年来,各高校都加大了信息化建设的投入,推动了高校数字化校园项目的建设,信息化技术也被运用到高校管理的各个领域,如电子校务工程、电子教务工程、数字化教学、远程教学系统等。高校普遍运用较先进的校园网站门户技术,将校园局域网接入互联网,并提供丰富的信息服务项目,如为大学生宿舍提供网络接入服务,方便学生网上购物等。而当代大学生具有自主自立、接受新生事物快的特点,与此同时,大学生的信息技术水平普遍较高,这些都使得大学生不需要单纯依靠教师的课堂讲解,可以选择通过互联网轻松获取教育资源或下载教师提前上传的教学视频进行学习。

(四)挑战(Threats)

1. 教师角色转换面临的挑战

在传统体育舞蹈教学模式中,教师是真正的主导者,学生是被动的知识接受者。在翻转课堂教学模式下,知识的传授在课前完成,课堂上主要是学生知识内化的过程,学生则成为课堂真正的主体,因此教师的职责需要相应做出调整,由主导变为指导。从主导到指导,虽只有一字之差,但对教师提出很大的挑战,要求高校体育舞蹈教师有效履行指导职责,使学生的主体性尽可能得到最大化的发挥。[①] 首先,教师要改变传统的教学思维与习惯,对于目前的一些体育教师采取传统的教育教学观念、评价理念等,其思想需要进行转变。其次,翻转课堂对体育舞蹈教师的能力也提出了新的挑战。在网络时代背景下,随着大学生获取信息能力的逐渐增强,他们对教师传授的内容越来越觉得平常,甚至开始质疑。这不仅要求教师在专业上做体育舞蹈课程的研究者、设计者和决策者,更要在教学中做课堂的引领者、鼓励者和合作者,因此教师的课程领导能力的提升显得尤为重要和迫切。目前,一些高校体育舞蹈教师对于体育舞蹈的艺术性了解不够,在专业上创编能力不强,在课堂上管理能力较弱,需要获得能力提升。最后,实施翻转课堂,由于没有现成优质的教学视频资源,更多还有待于教师亲自制作。体育舞蹈作为一种优美的人体动态艺术,需有

---

① 张金磊."翻转课堂"教学模式的关键因素探析[J].中国远程教育,2013(10):59—61。

轻快的乐曲相伴,通过舞者优美的舞姿,形象、动态地表演出来,显然这需要较高的视频制作技巧,对教师的计算机应用水平提出很高的要求。实践中,高校一些体育舞蹈教师只能制作静态的PPT教学课件。调查也显示,认为"课堂设计与内容制作所需要的时间与精力"是实施翻转课堂的"巨大挑战"的教师占84%。[①]可见高校教师也感到"本领"危机。

2. 学生角色转换面临的挑战

在翻转课堂模式下,学生成为学习的主体,主要体现在课前学生能在不被监督的环境下,自主开展学习、思考。但受传统文化等多因素影响,在校大学生仍习惯或倾向于教师直接告诉其问题所在。而且在经历艰难的高中阶段后,大学生的学习主动性明显变弱,因此在不被监督的翻转课堂环境下,学生能否做到自我控制,从而开展有效的学习、思考以实现知识传输,对翻转课堂的实施有至关重要的作用。我国的部分大学生性格较内敛,不善于沟通,合作意识不强,这也会导致教学过程中的互动化机制运转不畅。如果学生不常参与课堂的合作学习、互助学习和课堂讨论,最终可能会使课堂上的知识内化成为空谈。

二、翻转课堂教学模式的指导思想和教学设计

(一)翻转课堂教学模式的指导思想

课程指导思想是教学设计和教学实施的核心理念,是整个课程的灵魂,对于教学模式的各个要素的设计实施都起着至关重要的作用。对于高校来说,体育舞蹈是实现"健康第一"思想以及素质教育的重要所在。所以翻转课堂教学模式下高校体育舞蹈的有关指导思想,将兼顾当前体育课程指导思想和翻转课堂目的:坚持"健康第一"的指导思想,提高当代大学生身体素质,引导大学生正确认识体育舞蹈的健身、健心及社会性功

---

① 缪静敏,汪琼.高校翻转课堂:现状、成效与挑战:基于实践一线教师的调查[J].开放教育研究,2015,21(5):74-82.

能;坚持"快乐体育"的指导思想,激发大学生学习自觉性及积极性,让其在快乐中学习,从学习中获得快乐;坚持"终身体育"的指导思想,在体育舞蹈课程中进行身体和心理的健康教育,深化大学生的锻炼意识,使体育舞蹈成为终身体育的手段;坚持"因材施教"的指导思想,关注大学生的个体差异,积极采用不同方式和措施进行针对性教育,使每位学生都得到最好的发展;坚持"学生主体,教师主导"的指导思想,课堂中坚持以学生为本,教师应该多帮助及引导大学生,转变为学习的帮助者和能力的培养者,并且注重培养学生的综合素质。

翻转课堂下的体育舞蹈课程指导思想更好地呼应了素质教育的要求,明晰了教育教学的指导思想,贯彻落实于教学实际中,优化教学,使学生更好地立足于社会,服务于社会。

(二)翻转课堂教学模式的教学设计

1. 教学目标的设计

教学目标是教学过程中教师、家长希望学生达到的成绩和结果。而教学目标的确定,不仅要钻研教学大纲、分析教材,还要分析学生的特征,如先前经验、学习能力、学习习惯、学习态度等。高校体育舞蹈教学目标为掌握理论、技术以及技能,通过训练增强体质、全面发展、培养良好审美、发展个性。翻转课堂转变知识讲授及知识内化的时间,充分培养了学生自主学习、独立探索和团队合作的能力。翻转课堂下的体育舞蹈课程教学目标,既要实现传统教学目标,也要兼顾翻转课堂模式具备的优势。所以教学目标为通过课前微课等学习资源的自学和教师课堂答疑解惑,掌握基本技术技能,重点提高自主学习能力,发展创造性思维,并拥有终身体育的观念。新课标倡导从三维角度阐述教学目标,根据翻转课堂的特点,翻转课堂教学模式下的高校体育舞蹈课堂的教学目标也应从这三方面进行论述。以恰恰舞为例,教学目标见表9—4。

第九章 多元化的高校体育舞蹈教学模式

表9-4 教学目标的设定

维度	教学目标
知识与技能	通过课前自学和课堂解疑,使学生能够在音乐伴奏下基本掌握恰恰舞的技术动作,丰富体育舞蹈理论知识
过程与方法	通过课前自学及课堂探究,增强身体素质,形成良好的身体姿态,锻炼学生的自主学习和实践能力
情感态度与价值观	通过翻转课堂体育舞蹈的学习,形成科学审美观,提高艺术素养,培养学生的团队合作精神和终身体育意识,提升学习兴趣

2.教学流程的设计

翻转课堂的特色之一就是教学流程的翻转,颠倒课上与课下的学习过程,以达到学生知识的内化和能力提高的目的。在设计体育舞蹈翻转课堂的教学流程时,首先,要深入学习目前国内外已存在的较为成熟的翻转课堂教学流程设计方案;其次,要结合体育舞蹈课程特点和自身的体悟。笔者将翻转课堂划分为课下时间和课上时间,从两方面对教学流程进行设计和阐述,具体如图9-5所示。

课下时间：确定教学目标 → 分析课程重难点 → 分析学生特征 → 整合教学资源 → 创建微课 → 发布微课至微信群 → 线上交流答疑

课上时间：自主学习成果展示 → 创设课堂探究情景 → 学生独立解决问题 → 组内协作探究 → 学习成果交流展示 → 多元化评价 → 总结与反思

图9-5 教学流程

课下的教学活动包括备课和实施两个阶段。一切设计都应以教学目标为导向。首先,明确教学目标,明确方向。翻转课堂下体育舞蹈教学目标要使学生熟练掌握基本技术技能,更要使学生学会学习,培养舞蹈学科自学以及合作探究能力,提升舞蹈素养和审美能力。其次,分析课程内容和教材,确定重难点。体育舞蹈课程包含摩登舞和拉丁舞,一般分为理论教学、基本步伐教学及组合教学,在教学时应重视突出舞蹈的内在精华和基本功的反复练习,难点在于身体的运用。在分析学生的实际水平及身心发展等特征后,因材施教。最后,整合学习资源,挑选最适合的教学方法。进入微课的创建阶段,微课内容可以是教师自行撰写脚本摄像录制,也可以收集相关素材剪辑创建。微课要根据学生特征、教学目标、学科特点等制作,且要符合微课的设计原则。随后通过微信群组发布微课,发放的时间一般在课前两至三天,这样学生有时间进行自主学习。在自学过程中遇到疑难问题,学生可以在群组中进行反馈和交流。

学生通过自主学习已经在不同程度上完成了知识的学习,课上的时间充分起来,所以课上教学活动的安排至关重要。为督促学生的自主学习,充分了解学习程度,课上首先要进行学习成果的展示,教师以此为基点创设学习情境,将统一的问题进行深度讲解。根据教师讲解,学生独立探索练习,之后分成小组,进行协作探究学习,小组学习的优势就在于学生间的交互性行为增多,融洽关系,培养团结协作精神。此时教师进行流动个性化指导,小组有共同问题时还可以以此为单位进行小型讲座,实现教学的统一化与个性化。体育舞蹈是一个具有艺术性和观赏性的项目,适当的成果展示可以增加学生的兴趣,锻炼学生的表现力。在课堂的末端,教师评价、小组评价、自我评价相结合,在提出表扬的同时指出问题,增强学生学习的信心。

3. 教学内容的设计

教学内容是学习的核心,要依据教学目标、课程特点和学生特征进行设计。在进行翻转课堂下体育舞蹈教学内容设计时,应注重教育性和趣味性相统一、身体素质和技术技能相统一。在教学中,高校学生具有一定的自主学习能力和自我管理能力,如果学生没有舞蹈经历,教学内容应注重基础性、娱乐性和趣味性,要综合教学内容的特点,根据高校学生的特征、社会需求和学科需要,进行整理归纳,拟定体育舞蹈教学内容并在具体教学实践中进行验证,按理论知识、基本站姿、基本步伐以及基本步伐组合的顺序循序渐进地进行教学。以恰恰舞为例,具体课时安排见表9-5。

表9-5 恰恰舞教学内容及课时安排

教学内容	课时安排
理论知识、基本站姿、身体素质	2
原地换重心	2
时间步	2
方形步	4
四分之一转	2
纽约步	2
手接手	2
古巴断步	2
The round chasse、Twist chasse	2
前进锁步	2
恰恰舞组合1	4
恰恰舞组合2	6

在翻转课堂中,教学内容根据流程分为微课内容及课堂内容。为了更好地落实教学目标,需要深入剖析教学内容,如哪些内容需要探究式教学方式,哪些内容需要直接讲授,何种内容适合采用何种教学策略是应该思考的问题。通常难度系数较低或中等的内容比较适合自学,可以将其归类到课前微课教学内容之中,如体育舞蹈基本站姿和基本步伐的讲解。同时,在进行微课等课前学习资源的整合时,应遵循简洁性、基础性、学科导向性、易传播性、趣味性的原则。因为有的选修课程的学生舞蹈起点低,所以难度系数较大的内容比较适合教师讲解和群体学习,如体育舞蹈花样组合的学习。

教师应根据教学目标清晰地将内容进行归类,将理论知识、基本站姿、基本步伐、恰恰舞组合归类为微课教学内容,基本步伐的身体运用、双人配合、舞蹈创编部分归类为课堂教学内容,以此培养学生创造性思维和学习能力。

4.教学评价的设计

教学评价是对于教师的教和学生的学进行评价的活动,具有调节、诊断、激励等作用。从当前教学实际来看,传统的教学评价有许多弊端,如主体单一,内容浅显,方法不科学等。所以在提出翻转课堂教学评价的标准时,从评价主体出发,要做到多元化;从评价方法出发,要尽量新颖化;从评价内容出发,要具有多样性,考虑到几方面,如学生学习的主动性、学生知识内化程度、学生团队协作的能力、师生和生生之间的有效互动、学生的积极的情感体验等。

参考文献

[1]曹娟.体育舞蹈教学教法研究[M].长春:吉林文史出版社.2018.

[2]陈连珍.高校体育舞蹈的形体训练理论与实践研究[M].长春:吉林人民出版社,2024.

[3]东伟新,熊玮,鲁春霞.高校体育舞蹈教学的理论与实践研究[M].长春:吉林出版集团股份有限公司.2022.

[4]董植寿,葛柳.体育舞蹈教学训练与实践方法研究[M].长春:吉林大学出版社.2018.

[5]费思.体育舞蹈教学与训练的理论与实践研究以摩登舞为例[M].长春:吉林人民出版社.2021.

[6]葛柳,董植寿.体育舞蹈技能分析与教学研究[M].长春:吉林文史出版社.2018.

[7]何波.高校体育舞蹈课程研究与科学教学指导[M].北京:中国水利水电出版社.2017.

[8]李文靖.体育舞蹈教学与创新研究[M].北京:北京工业大学出版社.2021.

[9]李雪.体育舞蹈教学理论与实践研究[M].长春:吉林出版集团股份有限公司.2023.

[10]刘佳.高校体育舞蹈课程研究[M].长春:吉林出版集团股份有限公司,2019.

[11]刘俊莹,陈长魁.高校体育舞蹈课程教学与训练研究[M].长春:东北师范大学出版社,2019.

[12]刘丽.体育舞蹈教学与思维创新[M].延吉:延边大学出版社.2018.

[13]刘伟校.体育舞蹈理论与教学研究[M].北京:九州出版社.2017.

[14]尚悦.高校体育舞蹈课程建设和教学创新研究[M].长春:吉林出版集团股份有限公司,2022.

[15]孙树勋.体育舞蹈教学训练研究[M].北京:中国水利水电出版社.2019.

[16]唐绪明.体育舞蹈理论与体育教学训练[M].长春:吉林大学出版社.2019.

[17]王秦英.体育舞蹈教学与实践研究[M].长春:东北师范大学出版社.2019.

[18]吴雪,周华,吉丽慧.体育舞蹈教学理论研究与人才培养[M].长春:吉林大学出版社.2019.

[19]肖志艳.高校体育舞蹈课程理论与实践研究[M].青岛:中国海洋大学出版社,2023.

[20]谢权.体育舞蹈教学理论与实践研究[M].青岛:中国海洋大学出版社.2020.

[21]徐欣,董植寿.体育舞蹈理论教学创新探究[M].长春:吉林大学出版社.2018.

[22]尹宁宁,刘文静,祝文钢.体育舞蹈教学理论与实践探究[M].北京:现代出版社.2019.

[23]于海峰.体育舞蹈教学与文化发展探析[M].北京:现代教育出版社.2015.

[24]张婷.高校体育舞蹈课程建设与教学创新研究[M].郑州:郑州大学出版社,2022.

[25]张向东,郑华.体育舞蹈教学密码[M].福州:福建科学技术出版社.2020.

[26]张亚平.体育舞蹈教学的理论与实践[M].北京:中国原子能出版社.2016.

[27]周全全.体育舞蹈教学理论知识与方法研究[M].北京:中国纺织出版社.2023.

[28]祝文钢,尹宁宁,尚悦.高校体育舞蹈创新与审美研究[M].北京:人民体育出版社,2017.